Entzündungshemmende Küche
Gesundheit durch bewusste Ernährung

Lara Müller

INHALT

Portionen gefüllte Frühstückskekse: 10 17

Zutaten: 17

Richtungen: 17

Portionen mit Eiern gefüllte Süßkartoffeln: 1 19

Zutaten: 19

Richtungen: 19

Portionen Overnight Oats ohne Kochen: 1 21

Zutaten: 21

Richtungen: 21

Cremige Süßkartoffelschüssel Portionen: 2 23

Zutaten: 23

Richtungen: 23

Portionen Kurkuma-Schokolade: 2 25

Zutaten: 25

Richtungen: 25

Portionen schnelle und würzige Energieeier: 1 26

Zutaten: 26

Richtungen: 26

Portionen Cheddar-Schnittlauch-Soufflés: 8 28

Zutaten: 28

Richtungen: 29

Buchweizenpfannkuchen mit Vanille-Mandelmilch Portionen: 1 30

Zutaten: 30

Richtungen: 30

Portionen Eierbecher mit Spinat und Feta: 3 32

Zutaten: 32

Richtungen: 32

Portionen Frittata zum Frühstück: 2 34

Zutaten: 34

Richtungen: 34

Chicken Quinoa Burrito Bowl Portionen: 6 35

Zutaten: 35

Richtungen: 36

Avo-Toast mit Ei Portionen: 3 37

Zutaten: 37

Richtungen: 37

Haferflocken mit Mandeln: 2 38

Zutaten: 38

Richtungen: 38

Portionen Schoko-Nana-Pfannkuchen: 2 39

Zutaten: 39

Richtungen: 39

Süßkartoffel-Haferriegel Portionen: 6 41

Zutaten: 41

Richtungen: 42

Portionen einfaches Rösti: 3 44

Zutaten: 44

Richtungen: 44

Champignon-Spargel-Frittata Portionen: 1 46

Zutaten: 46

Richtungen: 46

Slow Cooker French Toast Casserole Portionen: 9 48

Zutaten: 48

Richtungen: 49

Portionen Pute mit Thymian und Salbei: 4 50

Zutaten: 50

Richtungen: 50

Kirsch-Spinat-Smoothie Portionen: 1 52

Zutaten: 52

Richtungen: 52

Portionen Frühstückskartoffeln: 2 54

Zutaten: 54

Richtungen: 54

Bananen-Instant-Haferflocken Portionen: 1 55

Zutaten: 55

Richtungen: 55

Mandelbutter-Bananen-Smoothie Portionen: 1 56

Zutaten: 56

Richtungen: 56

Schokoladen-Chia-Energieriegel ohne Backen Portionen: 14 57

Zutaten: 57

Richtungen: 57

Fruchtige Leinsamen-Frühstücksschüssel Portionen: 1 59

Zutaten: 59

Richtungen: 60

Slow Cooker Breakfast Haferflocken Portionen: 8 61

Zutaten: 61

Richtungen: 61

Portionen Pumpernickelbrot: 12 63

Zutaten: 63

Richtungen: 64

Himbeer-Kokos-Chia-Pudding Portionen: 4 66

Zutaten: 66

Richtungen: 66

Portionen Frühstückssalat am Wochenende: 4 67

Zutaten: 67

Richtungen: 67

Köstlicher vegetarischer Käsereis mit Brokkoli und Blumenkohl 69

Zutaten: 69

Richtungen: 70

Portionen mediterraner Toast: 2 71

Zutaten: 71

Richtungen: 71

Portionen Süßkartoffel-Frühstückssalat: 2 73

Zutaten: 73

Richtungen: 73

Fake Breakfast Hash Brown Cups Portionen: 8 74

Zutaten: 74

Richtungen: 74

Portionen Omelette mit Spinat und Pilzen: 2 76

Zutaten: 76

Richtungen: 76

Salat-Wraps mit Huhn und Gemüse Portionen: 2 79

Zutaten: 79

Richtungen: 80

Cremige Zimt-Bananenschüssel Portionen: 1	82
Zutaten:	82
Gutes Müsli mit Preiselbeeren und Zimt Portionen: 2	83
Zutaten:	83
Richtungen:	83
Portionen Frühstückomelett: 2	85
Zutaten:	85
Richtungen:	86
Vollkorn-Sandwichbrot Portionen: 12	87
Zutaten:	87
Richtungen:	87
Pulled Chicken Gyros	90
Zutaten:	90
Richtungen:	91
Süßkartoffelsuppe Portionen: 6	92
Zutaten:	92
Richtungen:	92
Quinoa-Burrito-Bowls:	94
Richtungen:	95
Mandel Broccolini Portionen: 6	96
Zutaten:	96
Richtungen:	96
Quinoa-Gericht:	98
Richtungen:	98
Clean Eating Eiersalat Portionen: 2	100
Zutaten:	100
Richtungen:	100

Chili-Portionen mit weißen Bohnen: 4 101
Zutaten: 101
Richtungen: 102
Portionen Thunfisch mit Zitrone: 4 103
Zutaten: 103
Richtungen: 103
Tilapia mit Spargel und Eichelkürbis Portionen: 4 105
Zutaten: 105
Richtungen: 105
Gebackenes Hähnchen mit Oliven, Tomaten und Basilikum garnieren . 107
Zutaten: 107
Richtungen: 107
Ratatouille-Portionen: 8 109
Zutaten: 109
Richtungen: 109
Hühnerfleischbällchensuppe Portionen: 4 111
Zutaten: 111
Richtungen: 112
Orangen-Krautsalat mit Zitrus-Vinaigrette 113
Zutaten: 113
Richtungen: 114
Portionen Tempeh und Wurzelgemüse: 4 115
Zutaten: 115
Richtungen: 115
Portionen grüne Suppe: 2 117
Zutaten: 117
Richtungen: 118

Zutaten Peperoni-Pizzabrot: 119

Richtungen: 120

Fleischbällchen-Taco-Schalen: 121

Richtungen: 122

Avocado-Pesto-Zoodles mit Lachs Portionen: 4 124

Zutaten: 124

Richtungen: 124

Kurkuma-, Apfel- und Zwiebel-Süßkartoffeln mit Huhn 126

Zutaten: 126

Gebratenes Kräuterlachssteak Portionen: 4 128

Zutaten: 128

Richtungen: 128

Portionen italienischer Tofu und Sommergemüse: 4 130

Zutaten: 130

Richtungen: 130

Zutaten für Erdbeer-Ziegenkäse-Salat 132

Richtungen: 132

Portionen Blumenkohl-Kurkuma-Kabeljau-Eintopf: 4 134

Zutaten: 134

Richtungen: 135

Portionen Walnuss- und Spargel-Köstlichkeiten: 4 136

Zutaten: 136

Richtungen: 136

Zucchini Alfredo Pasta Zutaten: 137

Richtungen: 137

Quinoa Truthahnhähnchen Zutaten: 139

Richtungen: 140

Portionen Knoblauch-Kürbis-Nudeln: 4 142

Zutaten: 142

Richtungen: 143

Gedämpfte Forelle mit Kidneybohnen und Chilisalsa Portionsgröße: 1. 144

Zutaten: 144

Richtungen: 145

Süßkartoffel-Truthahnsuppe Portionen: 4 146

Zutaten: 146

Richtungen: 147

Portionen gegrillter Lachs mit Miso: 2 148

Zutaten: 148

Richtungen: 148

Portionen Blätterteigfilet einfach angebraten: 6 150

Zutaten: 150

Richtungen: 150

Weißfischsuppe mit Gemüse 152

Portionen: 6 bis 8 152

Zutaten: 152

Richtungen: 152

Portionen Zitronenmuscheln: 4 154

Zutaten: 154

Richtungen: 154

Portionen Lachs mit Limette und Chili: 2 155

Zutaten: 155

Richtungen: 155

Käse-Thunfisch-Nudeln Portionen: 3-4 156

Zutaten: 156

Richtungen: 156

Portionen Fischstreifen mit Kokosnusskruste: 4 158

Zutaten: 158

Richtungen: 159

Portionen mexikanischer Fisch: 2 160

Zutaten: 160

Richtungen: 160

Forelle mit Gurkensalsa Portionen: 4 162

Zutaten: 162

Zitronen-Zoodles mit Garnelen Portionen: 4 164

Zutaten: 164

Richtungen: 164

Portionen knusprige Garnelen: 4 166

Zutaten: 166

Richtungen: 166

Portionen gegrillter Wolfsbarsch: 2 167

Zutaten: 167

Richtungen: 167

Portionen Lachspastetchen: 4 168

Zutaten: 168

Richtungen: 168

Portionen scharfer Kabeljau: 4 169

Zutaten: 169

Richtungen: 169

Portionen geräucherter Forellenaufstrich: 2 170

Zutaten: 170

Richtungen: 170

Portionen Thunfisch und Schalotten: 4 172

Zutaten: 172

Richtungen: 172

Portionen Zitronen-Pfeffer-Garnelen: 2 173

Zutaten: 173

Richtungen: 173

Heißes Thunfischsteak Portionen: 6 174

Zutaten: 174

Richtungen: 174

Portionen Cajun-Lachs: 2 176

Zutaten: 176

Richtungen: 176

Lachsschale mit Quinoa und Gemüse 177

Portionen: 4 177

Zutaten: 177

Portionen panierter Fisch: 4 179

Zutaten: 179

Richtungen: 179

Portionen einfache Lachsbratlinge: 4 180

Zutaten: 180

Richtungen: 181

Portionen Popcorn-Garnelen: 4 182

Zutaten: 182

Richtungen: 183

Portionen scharf gebackener Fisch: 5 184

Zutaten: 184

Richtungen: 184

Portionen Paprika-Thunfisch: 4 185

Zutaten: 185

Richtungen: 185

Portionen Fischfrikadellen: 2 186

Zutaten: 186

Richtungen: 186

Gebratene Jakobsmuscheln mit Honig Portionen: 4 187

Zutaten: 187

Richtungen: 187

Kabeljaufilets mit Shiitake-Pilzen Portionen: 4 189

Zutaten: 189

Richtungen: 189

Portionen gegrillter Weißbarsch: 2 191

Zutaten: 191

Richtungen: 191

Seehechtportionen mit gebackenen Tomaten: 4-5 193

Zutaten: 193

Richtungen: 193

Gebratener Schellfisch mit Rüben Portionen: 4 195

Zutaten: 195

Portionen ehrlicher Thunfischfondant: 4 197

Zutaten: 197

Richtungen: 197

Zitronenlachs mit Kaffernlimette Portionen: 8 199

Zutaten: 199

Richtungen: 199

Zarte Lachs-Senf-Sauce Portionen: 2 201

Zutaten: 201

Richtungen: 202

Portionen Krabbensalat: 4 203

Zutaten: 203

Richtungen: 203

Gebackener Lachs mit Misosauce Portionen: 4 204

Zutaten: 204

Richtungen: 204

Gebackener Kabeljau umhüllt mit Kräutern und Honig Portionen: 2 206

Zutaten: 206

Richtungen: 206

Parmesan-Kabeljau-Mischung Portionen: 4 208

Zutaten: 208

Richtungen: 208

Portionen knusprige Knoblauchgarnelen: 4 209

Zutaten: 209

Richtungen: 209

Cremige Wolfsbarschmischung Portionen: 4 210

Zutaten: 210

Richtungen: 210

Ahi Poke Gurke Portionen: 4 211

Zutaten: 211

Portionen Kabeljau-Minze: 4 213

Zutaten: 213

Richtungen: 213

Portionen zitroniger und cremiger Tilapia: 4 215

Zutaten: 215

Richtungen:	215
Fisch-Taco-Portionen: 4	217
Zutaten:	217
Richtungen:	218
Ingwer-Wolfsbarsch-Mischung Portionen: 4	219
Zutaten:	219
Richtungen:	219
Portionen Kokosgarnelen: 4	220
Zutaten:	220
Portionen Schweinefleisch mit Muskatkürbis: 4	222
Zutaten:	222
Richtungen:	222

Portionen gefüllte Frühstückskekse: 10

Kochzeit: 30 Minuten

Zutaten:

1 Esslöffel Pflanzenöl

¼ Pfund Putenwurst

2 geschlagene Eier

Pfeffer nach Geschmack

10 Unzen. gekühlte Kekse

Kochspray

Richtungen:

1. Gießen Sie das Öl in eine Pfanne bei mittlerer Hitze und kochen Sie die Wurst für 5

Protokoll.

2. In eine Schüssel umfüllen und beiseite stellen.

3. Eier in der Pfanne kochen und mit Pfeffer würzen.

4. Die Eier in die Schüssel mit der Wurst geben.

5. Ordnen Sie den Keksteig in der Heißluftfritteuse an.

6. Jeweils mit Ei-Wurst-Mischung belegen.

7. Falten und versiegeln.

8. Öl sprühen.

9. Backen Sie in der Luftfritteuse bei 325 Grad F für 8 Minuten.

10. Umdrehen und weitere 7 Minuten garen.

Portionen mit Eiern gefüllte Süßkartoffeln: 1

Kochzeit: 25 Minuten

Zutaten:

Süßkartoffel, gegart – 1

Eier, groß – 2

Cheddar-Käse, gerieben – 2 EL

Frühlingszwiebel, in Scheiben geschnitten – 1

Natives Olivenöl extra – 0,5 EL

Champignons, gewürfelt – 2

Meersalz – 0,25 TL

Richtungen:

1. Heizen Sie Ihren Ofen auf 350 Grad Fahrenheit vor und bereiten Sie ein kleines Backblech oder eine kleine Schüssel für die Kartoffeln vor.

2. Schneiden Sie die gekochte Süßkartoffel in zwei Hälften und legen Sie sie auf das Backblech. Entfernen Sie vorsichtig mit einem Löffel das orangefarbene Fruchtfleisch der Kartoffel von der Schale und achten Sie darauf, dass die Schale intakt bleibt, ohne sie zu beschädigen. Das

Kartoffelfleisch in eine kleine Schüssel geben. Mit einer Gabel das Fruchtfleisch der Süßkartoffel in die Schüssel zerdrücken.

3. Zu der Süßkartoffel in der Schüssel den Cheddar-Käse, die Frühlingszwiebel, das Olivenöl und die Pilze hinzufügen. Rühren Sie die Mischung um und geben Sie sie dann wieder in die Süßkartoffelschale auf dem Backblech.

4. Verwenden Sie Ihren Löffel, um in der Mitte jeder Kartoffelhälfte eine Grube oder Grube zu bilden, und schlagen Sie dann ein Ei in jede Grube. Streuen Sie Ihr Meersalz über die Süßkartoffel und das Ei.

5. Legen Sie das Backblech mit den Kartoffeln in den Ofen und backen Sie, bis das Ei nach Ihren Wünschen eingestellt und die Kartoffel heiß ist, etwa fünfzehn bis zwanzig Minuten. Nehmen Sie das Blech aus dem Ofen und genießen Sie es frisch und heiß.

Portionen Overnight Oats ohne Kochen: 1

Zutaten:

1 ½ TL. fettarme Milch

5 Stück ganze Mandeln

1 C. Chiasamen

2 EL. Hafer

1 C. Sonnenblumenkerne

1 EL. Rosinen

Richtungen:

1. In einem Einmachglas oder einer Flasche mit Verschluss alle Zutaten mischen.

2. Über Nacht kühl stellen.

3. Zum Frühstück genießen. Im Kühlschrank bis zu 3 Tage lagern.

Nährwert-Information:Kalorien: 271, Fett: 9,8 g, Kohlenhydrate: 35,4 g, Protein: 16,7

g, Zucker: 9 g, Natrium: 97 mg

Cremige Süßkartoffelschüssel Portionen: 2

Kochzeit: 7 Minuten

Zutaten:

Süßkartoffel, gebacken – 2

Mandelmilch, ungesüßt – 0,5 Tassen

Gemahlener Zimt – 0,25 TL

Vanilleextrakt – 0,5 TL

Gemahlene Leinsamen – 1 EL

Dattelpaste- 1 EL

Mandelbutter – 2 EL

Heidelbeeren – 0,5 Tasse

Richtungen:

1. Sie möchten Ihre gerösteten Süßkartoffeln heiß haben. Wenn sie also bereits geröstet und gekühlt wurden, erhitzen Sie die gebackenen Süßkartoffeln in der Mikrowelle oder im Ofen, bevor Sie Ihre Schalen zubereiten.

2. Die Schale der Süßkartoffel entfernen und das Kartoffelfleisch mit allen anderen Zutaten in der Süßkartoffelschüssel, außer den Heidelbeeren, in einen Mixer geben. Etwa 30 Sekunden lang glatt und cremig mixen, dann den Inhalt in eine große Schüssel geben. Die Schüssel mit den Heidelbeeren und nach Belieben mit etwas extra Mandelmilch garnieren. Sie können sogar Müsli, Nüsse oder Samen hinzufügen, wenn Sie einen Crunch wünschen.

Portionen Kurkuma-Schokolade: 2

Kochzeit: 5 Minuten

Zutaten:

1 Tasse Kokosmilch, ungesüßt

2 Teelöffel Kokosöl, geschmolzen

1½ Esslöffel Kakaopulver

1 Teelöffel gemahlene Kurkuma

Eine Prise schwarzer Pfeffer

Eine Prise Cayennepfeffer

2 Teelöffel roher Honig

Richtungen:

1. Die Milch in einen Topf geben, bei mittlerer Hitze erhitzen, Öl, Kakaopulver, Kurkuma, schwarzen Pfeffer, Cayennepfeffer und Honig hinzufügen. Gut verquirlen, 5 Minuten kochen lassen, in einen Becher gießen und servieren.

2. Viel Spaß!

Nährwert-Information: Kalorien 281, Fett 12, Ballaststoffe 4, Kohlenhydrate 12, Protein 7

Portionen schnelle und würzige Energieeier: 1

Kochzeit: 3 Minuten

Zutaten:

1 Esslöffel Milch

1 Teelöffel geschmolzene Butter

2 Eier

Eine Prise Kräuter und Gewürze: getrockneter Dill, getrockneter Oregano, getrocknete Petersilie, getrockneter Thymian und Knoblauchpulver

Richtungen:

1. Ofen auf 325°F vorheizen. In der Zwischenzeit den Boden eines Backblechs mit Milch und Butter bestreichen.

2. Schlagen Sie die Eier vorsichtig auf die Milch-Butter-Schicht. Die Eier mit getrockneten Kräutern und Knoblauchpulver bestreuen.

3. Schieben Sie das Blech in den Ofen. 3 Minuten backen oder bis die Eier fest sind.

Nährwert-Information: Kalorien 177 Fett: 5,9 g Protein: 8,8 g Natrium: 157 mg Kohlenhydrate insgesamt: 22,8 g Ballaststoffe: 0,7 g

Portionen Cheddar-Schnittlauch-Soufflés: 8

Kochzeit: 25 Minuten

Zutaten:

½ Tasse Mandelmehl

¼ Tasse gehackter Schnittlauch

1 Teelöffel Salz

½ Teelöffel Xanthangummi

1 TL gemahlener Senf

TL Cayennepfeffer

½ Teelöffel gemahlener schwarzer Pfeffer

¾ Tasse Sahne

2 Tassen geriebener Cheddar-Käse

½ Tasse Backpulver

6 Bio-Eier, getrennt

Richtungen:

1. Schalten Sie den Ofen ein, stellen Sie die Temperatur auf 350 °F ein und lassen Sie ihn vorheizen.

2. Nehmen Sie eine mittelgroße Schüssel, fügen Sie das Mehl hinzu, fügen Sie die restlichen Zutaten außer dem Backpulver und den Eiern hinzu und schlagen Sie, bis alles gut vermischt ist.

3. Eigelb und Eiweiß in zwei Schüsseln trennen, Eigelb in die Mehlmischung geben und verquirlen, bis es eingearbeitet ist.

4. Fügen Sie dem Eiweiß Backpulver hinzu und schlagen Sie es mit einem elektrischen Mixer, bis sich steife Spitzen bilden, dann heben Sie das Eiweiß unter die Mehlmischung, bis es gut vermischt ist.

5. Den Teig gleichmäßig auf acht Förmchen verteilen und 25 Minuten backen, bis er durchgegart ist.

6. Sofort servieren oder bis zum Verzehr im Kühlschrank aufbewahren.

<u>Nährwert-Information:</u>Kalorien 288, Gesamtfett 21 g, Gesamtkohlenhydrate 3 g, Protein 14 g

Buchweizenpfannkuchen mit Vanille-Mandelmilch Portionen: 1

Zutaten:

½ TL. ungesüßte Vanille-Mandelmilch

2-4 Päckchen natürliches Süßungsmittel

1/8 TL Salz

½ Tasse Buchweizenmehl

½ TL. Backpulver mit doppelter Wirkung

Richtungen:

1. Bereiten Sie eine Antihaft-Grillplatte vor, besprühen Sie sie mit Kochspray und stellen Sie sie auf mittlere Hitze.

2. Buchweizenmehl, Salz, Backpulver und Stevia in einer kleinen Schüssel verquirlen und dann die Mandelmilch unterrühren.

3. Einen großen Löffel Teig in die Pfanne geben und backen, bis keine Blasen mehr auf der Oberfläche erscheinen und die gesamte Oberfläche trocken

aussieht (2-4 Minuten). Wenden und weitere 2 bis 4 Minuten garen. Mit dem restlichen Teig wiederholen.

Nährwert-Information:Kalorien: 240, Fett: 4,5 g, Kohlenhydrate: 2 g, Protein: 11 g, Zucker: 17 g, Natrium: 67 mg

Portionen Eierbecher mit Spinat und Feta: 3

Kochzeit: 25 Minuten

Zutaten:

Eier, groß – 6

Schwarzer Pfeffer, gemahlen – 0,125 TL

Zwiebelpulver - 0,25 TL

Knoblauchpulver - 0,25 TL

Feta-Käse – 0,33 Tasse

Babyspinat – 1,5 Tassen

Meersalz – 0,25 TL

Richtungen:

1. Heizen Sie Ihren Ofen auf 350 Grad Fahrenheit vor, stellen Sie den Rost in die Mitte des Ofens und fetten Sie eine Muffinform ein.

2. Verteilen Sie Ihren Babyspinat und Feta-Käse auf dem Boden der zwölf Muffinförmchen.

3. In einer Schüssel die Eier, das Meersalz, das Knoblauchpulver, das Zwiebelpulver und den schwarzen Pfeffer verquirlen, bis das Eiweiß

vollständig in ein Eigelb zerfallen ist. Gießen Sie das Ei über Spinat und Käse in Muffinförmchen und füllen Sie die Muffinförmchen zu drei Vierteln. Stellen Sie die Pfanne in den Ofen, bis die Eier vollständig gekocht sind, etwa achtzehn bis zwanzig Minuten.

4. Nehmen Sie die Spinat- und Feta-Eierbecher aus dem Ofen und servieren Sie sie warm oder lassen Sie die Eier vollständig auf Raumtemperatur abkühlen, bevor Sie sie in den Kühlschrank stellen.

Portionen Frittata zum Frühstück: 2

Kochzeit: 20 Minuten

Zutaten:

1 Zwiebel, gehackt

2 Esslöffel rote Paprika, gehackt

¼ Pfund Frühstücks-Putenwurst, gekocht und zerbröselt 3 Eier, geschlagen

Prise Cayennepfeffer

Richtungen:

1. Mischen Sie alle Zutaten in einer Schüssel.

2. In eine kleine Auflaufform gießen.

3. Fügen Sie die Auflaufform in den Heißluftfritteusenkorb hinzu.

4. 20 Minuten in der Heißluftfritteuse garen.

Chicken Quinoa Burrito Bowl Portionen: 6

Kochzeit: 5 Stunden

Zutaten:

1 Pfund Hähnchenschenkel (ohne Haut, ohne Knochen)

1 Tasse Hühnerbrühe

1 Dose gewürfelte Tomaten (14,5 oz)

1 Zwiebel (gehackt)

3 Knoblauchzehen (gehackt)

2 Teelöffel Chilipulver

½ Teelöffel Koriander

½ Teelöffel Knoblauchpulver

1 Paprika (fein gehackt)

15 Unzen Pintobohnen (abgetropft)

1 ½ Tassen Cheddar-Käse (gerieben)

Richtungen:

1. Hähnchen, Tomaten, Brühe, Zwiebel, Knoblauch, Chilipulver, Knoblauchpulver, Koriander und Salz mischen. Stellen Sie den Herd auf niedrige Hitze.

2. Das Huhn herausnehmen und mit einer Gabel und einem Messer in Stücke schneiden.

3. Geben Sie das Hähnchen wieder in den Slow Cooker und fügen Sie Quinoa und Pintobohnen hinzu.

4. Stellen Sie den Herd für 2 Stunden auf niedrige Stufe.

5. Den Käse darüber geben und unter leichtem Rühren weiterkochen, bis der Käse schmilzt.

6. Servieren.

Nährwert-Information:Kalorien 144 mg Gesamtfett: 39 g Kohlenhydrate: 68 g Protein: 59 g Zucker: 8 g Ballaststoffe 17 g Natrium: 756 mg Cholesterin: 144 mg

Avo-Toast mit Ei Portionen: 3

Kochzeit: 0 Minuten

Zutaten:

1½ TL Ghee

1 Scheibe Brot, glutenfrei und geröstet

½ Avocado, in dünne Scheiben geschnitten

Eine Handvoll Spinat

1 Rührei oder pochiertes Ei

Eine Prise rote Paprikaflocken

Richtungen:

1. Das Ghee auf dem Toast verteilen. Mit Avocadoscheiben und Blattspinat garnieren. Legen Sie ein Rührei oder ein pochiertes Ei darauf. Beenden Sie die Füllung mit einer Prise Paprikaflocken.

Nährwert-Information:Kalorien 540 Fett: 18 g Protein: 27 g Natrium: 25 mg Gesamtkohlenhydrate: 73,5 g Ballaststoffe: 6 g

Haferflocken mit Mandeln: 2

Kochzeit: 0 Minuten

Zutaten:

1 Tasse altmodische Haferflocken

½ Tasse Kokosmilch

1 Esslöffel Ahornsirup

¼ Tasse Blaubeeren

3 Esslöffel gehackte Mandeln

Richtungen:

1. In einer Schüssel die Haferflocken mit der Kokosmilch, dem Ahornsirup und den Mandeln mischen. Abdecken und über Nacht stehen lassen. Am nächsten Tag servieren.

2. Viel Spaß!

Nährwert-Information:Kalorien 255, Fett 9, Ballaststoffe 6, Kohlenhydrate 39, Protein 7

Portionen Schoko-Nana-Pfannkuchen: 2

Kochzeit: 6 Minuten

Zutaten:

2 große Bananen, geschält und püriert

2 große Eier, Weideaufzucht

3 Esslöffel Kakaopulver

2 Esslöffel Mandelbutter

1 Teelöffel reiner Vanilleextrakt

1/8 TL Salz

Kokosöl zum Einfetten

Richtungen:

1. Eine Pfanne bei mittlerer bis niedriger Hitze vorheizen und die Pfanne mit Kokosöl einfetten.

2. Alle Zutaten in eine Küchenmaschine geben und glatt pürieren.

3. Gießen Sie einen Teig (ca. ¼ Tasse) über die Pfanne und formen Sie einen Pfannkuchen.

4. Kochen Sie 3 Minuten auf jeder Seite.

Nährwert-Information:Kalorien 303 Gesamtfett 17 g Gesättigtes Fett 4 g Kohlenhydrate insgesamt 36 g Nettokohlenhydrate 29 g Protein 5 g Zucker: 15 g Ballaststoffe: 5 g Natrium: 108 mg Kalium 549 mg

Süßkartoffel-Haferriegel Portionen: 6

Kochzeit: 35 Minuten

Zutaten:

Süßkartoffel, gekocht, püriert – 1 Tasse

Mandelmilch, ungesüßt - 0,75 Tassen

Ei – 1

Dattelpaste- 1,5 EL

Vanilleextrakt – 1,5 Teelöffel

Backpulver – 1 TL

Gemahlener Zimt - 1 TL

Gemahlene Nelken – 0,25 TL

Muskatnuss, gemahlen – 0,5 TL

Gemahlener Ingwer – 0,5 TL

Gemahlene Leinsamen- 2 EL

Proteinpulver – 1 Portion

Kokosmehl – 0,25 Tasse

Haferflocken – 1 Tasse

Getrocknete Kokosnuss, ungesüßt – 0,25 Tassen

Pekannüsse, gehackt – 0,25 Tassen

Richtungen:

1. Heizen Sie den Ofen auf 375 Grad Fahrenheit vor und legen Sie eine quadratische Auflaufform von 20 x 20 cm mit Pergamentpapier aus. Sie möchten Pergamentpapier an den Seiten der Pfanne lassen, um es herauszuheben, nachdem die Riegel gebacken sind.

2. Geben Sie in Ihrem Standmixer alle Zutaten für die Hafer- und Süßkartoffelriegel hinzu, außer der getrockneten Kokosnuss und den gehackten Pekannüssen.

Lassen Sie die Mischung einige Augenblicke pulsieren, bis die Mischung glatt ist, und stoppen Sie dann den Mixer. Möglicherweise müssen Sie die Seiten des Mixers abkratzen und dann erneut mixen.

3. Gießen Sie die Kokosnuss und die Pekannüsse in den Teig und mischen Sie sie mit einem Pfannenwender. Mischen Sie die Mischung nicht noch einmal, weil Sie nicht wollen, dass diese Teile miteinander vermischt werden. Gießen Sie die Haferriegel-Süßkartoffel-Mischung in Ihre vorbereitete Pfanne und verteilen Sie sie.

4. Stellen Sie Ihre Süßkartoffel-Haferriegel-Schale in die Mitte Ihres Ofens und lassen Sie sie kochen, bis die Riegel fertig sind, etwa zweiundzwanzig

um fünfundzwanzig Minuten. Das Gericht aus dem Ofen nehmen. Stellen Sie ein Kühlregal neben die Auflaufform, erwecken Sie dann das Küchenpergament durch den Überhang zum Leben und heben Sie es vorsichtig von der Form und auf das Gitter, um es abzukühlen. Hafer- und Süßkartoffelriegel vor dem Schneiden vollständig abkühlen lassen.

Portionen einfaches Rösti: 3

Kochzeit: 35 Minuten

Zutaten:

zerkleinerte Rösti, gefroren – 1 Pfund

Eier – 2

Meersalz – 0,5 TL

Knoblauchpulver - 0,5 TL

Zwiebelpulver - 0,5 TL

Schwarzer Pfeffer, gemahlen – 0,125 TL

Natives Olivenöl extra – 1 EL

Richtungen:

1. Beginnen Sie damit, Ihr Waffeleisen aufzuwärmen.

2. In einer Küchenschüssel die Eier verquirlen, um sie aufzubrechen, dann die restlichen Zutaten hinzufügen. Falten Sie sie alle zusammen, bis die Kartoffel gleichmäßig mit dem Ei und den Gewürzen bedeckt ist.

3. Fetten Sie Ihr Waffeleisen ein und verteilen Sie ein Drittel der Röstimischung darauf. Schließen Sie es und kochen Sie die Kartoffeln darin,

bis sie goldbraun sind, etwa zwölf bis fünfzehn Minuten. Unten angekommen, die Rösti vorsichtig mit einer Gabel herausnehmen, dann ein weiteres Drittel der Mischung und dann das letzte Drittel weitergaren.

4. Du kannst die gekochten Rösti im Kühlschrank aufbewahren und sie dann im Waffeleisen oder im Ofen aufwärmen, um sie später wieder knusprig zu machen.

Champignon-Spargel-Frittata Portionen: 1

Kochzeit:

Zutaten:

Eier – 2

Spargelspitzen – 5

Wasser – 1 EL

Natives Olivenöl extra – 1 EL

Champignons, geschnitten – 3

Meersalz – Prise

Frühlingszwiebel, gehackt – 1

Ziegenkäse, halbweich – 2 EL

Richtungen:

1. Heizen Sie Ihren Ofen auf der Grillposition vor, während Sie Ihre Frittata zubereiten. Bereiten Sie Ihr Gemüse vor, entfernen Sie das harte Ende der Spargelspitzen und schneiden Sie die Spitzen in mundgerechte Stücke.

2. Fetten Sie eine ofenfeste Pfanne von 7 bis 8 Zoll ein und stellen Sie sie auf mittlere Hitze. Fügen Sie die Pilze hinzu und lassen Sie sie zwei Minuten lang

anbraten, bevor Sie den Spargel hinzufügen und weitere zwei Minuten kochen. Wenn Sie mit dem Garen fertig sind, verteilen Sie das Gemüse gleichmäßig auf dem Boden der Pfanne.

3. In einer kleinen Rührschüssel Eier, Wasser und Meersalz verquirlen und über das sautierte Gemüse gießen. Gehackte Frühlingszwiebeln und zerbröselten Ziegenkäse über die Frittata streuen.

4. Lassen Sie die Pfanne ungestört auf dem Herd weitergaren, bis die Rühreier in der Frittata an den Rändern fest werden und sich von den Seiten der Pfanne lösen. Heben Sie die Pfanne vorsichtig an und drehen Sie sie in sanften Kreisbewegungen, damit das Ei gleichmäßig gart.

5. Geben Sie Ihre Frittata in den Ofen und garen Sie sie weitere zwei bis drei Minuten unter dem Kessel, bis das Ei vollständig gestockt ist. Behalten Sie das Ei für Ihre Frittata im Auge, damit es nicht verkocht. Sobald es fertig ist, aus dem Ofen nehmen, die Frittata auf einen Teller geben und kochend heiß genießen.

Slow Cooker French Toast Casserole Portionen: 9

Kochzeit: 4 Stunden

Zutaten:

2 Eier

2 Eiweiß

1 ½ Mandelmilch oder 1 % Milch

2 Esslöffel roher Honig

1/2 Teelöffel Zimt

1 TL Vanilleextrakt

9 Scheiben Brot

Für die Füllung:

3 Tassen Äpfel (gewürfelt)

2 Esslöffel roher Honig

1 Esslöffel Zitronensaft

1/2 Teelöffel Zimt

1/3 Tasse Pekannüsse

Richtungen:

1. Die ersten sechs Elemente in eine Schüssel geben und mischen.

2. Langsamkocher mit Antihaft-Kochspray einfetten.

3. Alle Zutaten für die Füllung in einer kleinen Schüssel vermengen und beiseite stellen. Die Apfelstücke gut mit der Füllung bestreichen.

4. Die Brotscheiben halbieren (Dreieck), dann drei Apfelscheiben auf die Unterseite und etwas Limette darauf legen. Die Brotscheiben schichten und nach dem gleichen Muster füllen.

5. Den Eierteig auf die Brotschichten und die Füllung geben.

6. Stellen Sie den Herd für 2 ½ Stunden auf High oder für 4 Stunden auf Low.

Nährwert-Information:Kalorien 227 Gesamtfett: 7 g Kohlenhydrate: 34 g Protein: 9 g Zucker: 19 g Ballaststoffe 4 g Natrium: 187 mg

Portionen Pute mit Thymian und Salbei: 4

Kochzeit: 25 Minuten

Zutaten:

1 Pfund gemahlener Truthahn

½ Teelöffel Zimt

½ Teelöffel Knoblauchpulver

1 Teelöffel frischer Rosmarin

1 Teelöffel frischer Thymian

1 Teelöffel Meersalz

2 Teelöffel frischer Salbei

2 Esslöffel Kokosöl

Richtungen:

1. Alle Zutaten außer Öl in einer Rührschüssel vermengen.

Über Nacht oder für 30 Minuten kühl stellen.

2. Gießen Sie das Öl in die Mischung. Aus der Masse vier Patties formen.

3. Braten Sie die Patties in einer leicht eingefetteten Pfanne bei mittlerer Hitze 5 Minuten auf jeder Seite oder bis die Mitte nicht mehr rosa ist. Sie können sie auch zubereiten, indem Sie sie für 25 im Ofen backen

Minuten bei 400°F.

Nährwert-Information:Kalorien 284 Fett: 9,4 g Protein: 14,2 g Natrium: 290 mg Kohlenhydrate insgesamt: 36,9 g Ballaststoffe: 0,7 g

Kirsch-Spinat-Smoothie Portionen: 1

Kochzeit: 0 Minuten

Zutaten:

1 Tasse Naturkefir

1 Tasse gefrorene Kirschen, entkernt

½ Tasse Babyspinat

¼ Tasse zerdrückte reife Avocado

1 Esslöffel Mandelbutter

1 Stück geschälter Ingwer (1/2 Zoll)

1 Teelöffel Chiasamen

Richtungen:

1. Alle Zutaten in einen Mixer geben. Pulsieren, bis es glatt ist.

2. Vor dem Servieren im Kühlschrank abkühlen lassen.

Nährwert-Information:Kalorien 410 Gesamtfett 20 g Gesamtkohlenhydrate 47 g Nettokohlenhydrate 37 g Protein 17 g Zucker 33 g Ballaststoffe: 10 g Natrium: 169 mg

Portionen Frühstückskartoffeln: 2

Kochzeit: 15 Minuten

Zutaten:

5 Kartoffeln, gewürfelt

1 Esslöffel Öl

½ Teelöffel Knoblauchpulver

¼ Teelöffel Pfeffer

½ Teelöffel geräucherter Paprika

Richtungen:

1. Heizen Sie Ihre Heißluftfritteuse 5 Minuten lang auf 400 Grad F vor.

2. Die Kartoffeln im Öl wenden.

3. Mit Knoblauchpulver, Pfeffer und Paprika würzen.

4. Geben Sie die Kartoffeln in den Luftfritteusenkorb.

5. 15 Minuten in der Heißluftfritteuse garen.

Bananen-Instant-Haferflocken Portionen: 1

Zutaten:

1 zerdrückte reife Banane

½ TL. das Wasser

½ TL. Haferflocken

Richtungen:

1. Haferflocken und Wasser in eine mikrowellengeeignete Schüssel geben und mischen.

2. Stellen Sie die Schüssel in die Mikrowelle und erhitzen Sie sie 2 Minuten lang auf hoher Stufe.

3. Die Schüssel aus der Mikrowelle nehmen und die zerdrückte Banane einrühren und genießen.

Nährwert-Information:Kalorien: 243, Fett: 3 g, Kohlenhydrate: 50 g, Protein: 6 g, Zucker: 20 g, Natrium: 30 mg

Mandelbutter-Bananen-Smoothie Portionen: 1

Zutaten:

1 EL. Mandelbutter

½ TL. Eiswürfel

½ TL. abgepackter Spinat

1 mittelgroße geschälte und gefrorene Banane

1 Stück Magermilch

Richtungen:

1. Mischen Sie in einem leistungsstarken Mixer alle Zutaten, bis sie glatt und cremig sind.

2. Servieren und genießen.

Nährwert-Information:Kalorien: 293, Fett: 9,8 g, Kohlenhydrate: 42,5 g, Protein: 13,5

g, Zucker: 12 g, Natrium: 111 mg

Schokoladen-Chia-Energieriegel ohne Backen

Portionen: 14

Kochzeit: 0 Minuten

Zutaten:

1 ½ Tassen verpackte und entsteinte Datteln

1/Tasse ungesüßte Kokosraspeln

1 Tasse rohe Walnussstücke

1/4 Tasse (35 g) natürliches Kakaopulver

1/2 Tasse (75 g) ganze Chiasamen

1/2 Tasse (70 g) gehackte dunkle Schokolade

1/2 Tasse (50 g) Haferflocken

1 Teelöffel reiner Vanilleextrakt, optional, verstärkt den Geschmack 1/4 Teelöffel unraffiniertes Meersalz

Richtungen:

1. Mischen Sie die Datteln in einem Mixer, bis sich eine dicke Paste bildet.

2. Fügen Sie Nüsse hinzu und rühren Sie um, um zu kombinieren.

3. Fügen Sie den Rest der Fixierung hinzu und mischen Sie, bis sich eine dicke Paste bildet.

4. Eine rechteckige Pfanne mit Pergamentpapier auslegen. Legen Sie die Mischung fest in die Pfanne und platzieren Sie sie direkt in allen Ecken.

5. Für mindestens ein paar Stunden bis Mitternacht in den Gefrierschrank stellen.

6. Aus der Pfanne nehmen und in 14 Streifen schneiden.

7. In den Kühlschrank oder in einen luftdichten Behälter stellen.

Nährwert-Information:Zucker 17 g Fett: 12 g Kalorien: 234 Kohlenhydrate: 28 g Protein: 4,5 g

Fruchtige Leinsamen-Frühstücksschüssel

Portionen: 1

Kochzeit: 5 Minuten

Zutaten:

Für den Brei:

Tasse Leinsamen, frisch gemahlen

¼ Teelöffel Zimt, gemahlen

1 Tasse Mandel- oder Kokosmilch

1 mittelgroße Banane, püriert

Eine Prise feines Meersalz

Für die Beläge:

Blaubeeren, frisch oder aufgetaut

Nüsse, roh gehackt

Reiner Ahornsirup (optional)

Richtungen:

1. In einem mittelgroßen Topf bei mittlerer Hitze alle Zutaten für den Brei mischen. 5 Minuten lang ständig umrühren, oder bis der Brei eindickt und zum Kochen kommt.

2. Den gekochten Brei in eine Servierschüssel geben. Mit den Toppings toppen und mit etwas Ahornsirup beträufeln, wenn Sie es etwas süßer mögen.

Nährwert-Information:Kalorien 780 Fett: 26 g Protein: 39 g Natrium: 270 mg Gesamtkohlenhydrate: 117,5 g

Slow Cooker Breakfast Haferflocken Portionen: 8

Zutaten:

4 Bett. Mandelmilch

2 Beutel Stevia

2 Bett. Stahl geschnittener Hafer

1/3 TL. gehackte getrocknete Aprikosen

4 Bett. das Wasser

1/3 TL. Getrocknete Kirschen

1 C. Zimt

1/3 TL. Rosinen

Richtungen:

1. In einem Schongarer alle Zutaten gut vermischen.

2. Abdecken und niedrig stellen.

3. 8 Stunden kochen.

4. Sie können dies am Vorabend einstellen, damit Sie morgens das Frühstück fertig haben.

Nährwert-Information:Kalorien: 158,5, Fett: 2,9 g, Kohlenhydrate: 28,3 g, Protein: 4,8

g, Zucker: 11 g, Natrium: 135 mg

Portionen Pumpernickelbrot: 12

Kochzeit: 2 Stunden, 30 Minuten

Zutaten:

Pumpernickelmehl – 3 Tassen

Vollkornmehl – 1 Tasse

Maismehl - 0,5 Tassen

Kakaopulver – 1 EL

Aktive Trockenhefe – 1 EL

Kümmel - 2 TL

Meersalz – 1,5 Teelöffel

Wasser, lauwarm – 1,5 Tassen, geteilt

Dattelpaste - 0,25 Tassen, geteilt

Avocadoöl – 1 EL

Süßkartoffelpüree – 1 Tasse

Ei waschen – 1 Eiweiß + 1 EL Wasser

Richtungen:

1. Bereiten Sie eine 22,9 x 12,7 cm große Kastenform vor, indem Sie sie mit Pergamentpapier auslegen und leicht einfetten.

2. Mischen Sie in einem Topf eine Tasse Ihres Wassers mit dem Maismehl, bis es heiß und dickflüssig ist, etwa fünf Minuten lang. Achten Sie darauf, während des Erhitzens weiter zu rühren, um Klumpen zu vermeiden. Sobald die Masse dickflüssig ist, die Pfanne vom Herd nehmen und Dattelpaste, Kakaopulver, Kümmel und Avocadoöl einrühren. Stellen Sie die Pfanne beiseite, bis der Inhalt lauwarm abgekühlt ist.

3. Geben Sie die restliche halbe Tasse warmes Wasser in eine große Auflaufform, um es mit der Hefe zu vermischen, und rühren Sie, bis sich die Hefe aufgelöst hat. Lassen Sie diese Mischung für das Pumpernickelbrot etwa zehn Minuten ruhen, bis sie aufgeblüht ist und bauschige Bläschen gebildet hat.

Das geht am besten an einem warmen Ort.

4. Sobald die Hefe aufgeblüht ist, die warme Maismehl-Wasser-Mischung zusammen mit dem Süßkartoffelpüree in die Rührschüssel geben.

Sobald die Flüssigkeiten und die Kartoffel vermischt sind, das Vollkornmehl und das Pumpernickelmehl einrühren. Die Mischung zehn Minuten lang kneten, am besten mit einer Küchenmaschine und einem Knethaken. Der Teig ist fertig wenn es eine zusammenhängende Kugel bildet, die glatt ist und sich von den Rändern der Mischschale löst.

5. Entfernen Sie den Knethaken und decken Sie Ihre Rührschüssel mit Küchenfolie oder einem sauberen, feuchten Küchentuch ab. Stellen Sie die Rührschüssel für die Küche an einen warmen Ort, um den Teig gehen zu lassen, bis er sich verdoppelt hat, etwa eine Stunde lang.

6. Heizen Sie Ihren Ofen auf 375 Grad Fahrenheit, um das Brot zuzubereiten.

7. Formen Sie den Teig zu einer schönen Stange und legen Sie ihn in Ihre vorbereitete Kastenform. Verquirlen Sie Ihre Eiermilch und verwenden Sie dann einen Backpinsel, um sie leicht über die Oberseite Ihres vorbereiteten Brotes zu streichen. Falls gewünscht, ritzen Sie das Brot mit einem scharfen Messer ein, um ein dekoratives Design zu erhalten.

8. Legen Sie Ihr Brot in die Mitte Ihres heißen Ofens und lassen Sie es backen, bis es eine wunderbare dunkle Farbe annimmt und beim Klopfen ein hohles Geräusch macht, etwa eine Stunde. Nehmen Sie das Pumpernickelbrot aus dem Ofen und lassen Sie es fünf Minuten lang in der Pfanne abkühlen, bevor Sie das Pumpernickelbrot aus der Pfanne nehmen und das Brot zum Weiterkühlen auf ein Kuchengitter legen. Schneiden Sie das Brot erst, wenn es vollständig abgekühlt ist.

Himbeer-Kokos-Chia-Pudding Portionen: 4

Kochzeit: 0 Minuten

Zutaten:

¼ Tasse Chiasamen

½ Esslöffel Stevia

1 Tasse Kokosmilch, ungesüßt, ganz

2 Esslöffel Mandeln

¼ Tasse Himbeeren

Richtungen:

1. Nehmen Sie eine große Schüssel, geben Sie die Chiasamen zusammen mit Stevia und Kokosmilch hinzu, rühren Sie um, bis die Mischung vermischt ist, und stellen Sie sie über Nacht in den Kühlschrank, bis sie eingedickt ist.

2. Den Pudding aus dem Kühlschrank nehmen, mit Mandeln und Beeren toppen und servieren.

Nährwert-Information:Kalorien 158, Gesamtfett 14,1 g, Kohlenhydrate insgesamt 6,5 g, Protein 2 g, Zucker 3,6 g, Natrium 16 mg

Portionen Frühstückssalat am Wochenende: 4

Kochzeit: 0 Minuten

Zutaten:

Eier, vier hart gekocht

Zitrone, a

Rucola, zehn Tassen

Quinoa, eine Tasse gekocht und abgekühlt

Olivenöl, zwei Esslöffel

Dill, gehackt, eine halbe Tasse

Mandeln, gehackt, eine Tasse

Avocado, eine große dünne Scheibe

Gurke, gehackt, eine halbe Tasse

Tomate, eine große in Keile geschnitten

Richtungen:

1. Quinoa, Gurke, Tomaten und Rucola mischen. Mischen Sie diese Zutaten leicht mit Olivenöl, Salz und Pfeffer. Übertragen und das Ei und die Avocado

darauf anrichten. Jeden Salat mit Mandeln und Kräutern garnieren. Mit Zitronensaft beträufeln.

Nährwert-Information:Kalorien 336 Fett 7,7 Gramm Protein 12,3 Gramm Kohlenhydrate 54,6 Gramm Zucker 5,5 Gramm Ballaststoffe 5,2 Gramm

Köstlicher vegetarischer Käsereis mit Brokkoli und Blumenkohl

Portionen: 2

Kochzeit: 7 Minuten

Zutaten:

½ Tasse Brokkoliröschen, gerieben

1½ Tassen Blumenkohlröschen, gerieben

TL Knoblauchpulver

TL Salz

¼ Teelöffel gemahlener schwarzer Pfeffer

1/8 Teelöffel gemahlene Muskatnuss

½ Esslöffel ungesalzene Butter

1/8 Tasse Mascarpone

¼ Tasse geriebener scharfer Cheddar

Richtungen:

1. Nehmen Sie eine mittelhitzebeständige Schüssel, fügen Sie alle Zutaten außer Mascarpone und Cheddar hinzu und rühren Sie um, bis alles gut vermischt ist.

2. Stellen Sie die Schüssel in eine Mikrowelle, stellen Sie die Mikrowelle 5 Minuten lang auf hohe Stufe, fügen Sie dann den Käse hinzu und kochen Sie 2 Minuten lang weiter.

3. Den Mascarpone-Käse in die Schüssel geben, rühren, bis die Mischung cremig ist, und sofort servieren.

<u>Nährwert-Information:</u>Kalorien 138, Gesamtfett 9,8 g, Kohlenhydrate insgesamt 6,6 g, Protein 7,5 g, Zucker 2,4 g, Natrium 442 mg

Portionen mediterraner Toast: 2

Zutaten:

1 ½ TL. leicht zerbröselter Feta

3 geschnittene griechische Oliven

pürierte Avocado

1 Scheibe gutes Vollkornbrot

1 EL. Geröstete Paprika Hummus

3 geschnittene Kirschtomaten

1 geschnittenes hartgekochtes Ei

Richtungen:

1. Zuerst das Brot toasten und mit ¼ Avocadopüree und 1 Hummus.

2. Kirschtomaten, Oliven, hartgekochtes Ei und Feta hinzugeben.

3. Nach Geschmack mit Salz und Pfeffer würzen.

Nährwert-Information:Kalorien: 333,7, Fett: 17 g, Kohlenhydrate: 33,3 g, Protein: 16,3

g, Zucker: 1 g, Natrium: 700 mg

Portionen Süßkartoffel-Frühstückssalat: 2

Kochzeit: 0 Minuten

Zutaten:

1 Messlöffel Proteinpulver

¼ Tasse Blaubeeren

¼ Tasse Himbeeren

1 Banane, geschält

1 Süßkartoffel, gebacken, geschält und gewürfelt

Richtungen:

1. Die Kartoffel in eine Schüssel geben und mit einer Gabel zerdrücken. Bananen- und Proteinpulver hinzugeben und gut vermischen. Beeren dazugeben, mischen und kalt servieren.

2. Viel Spaß!

Nährwert-Information:Kalorien 181, Fett 1, Ballaststoffe 6, Kohlenhydrate 8, Protein 11

Fake Breakfast Hash Brown Cups Portionen: 8

Zutaten:

40 g Zwiebelwürfel

8 große Eier

7 ½ g Knoblauchpulver

2 ½ g Pfeffer

170 g geriebener heller Käse

170 g geriebene Süßkartoffel

2 ½ g Salz

Richtungen:

1. Heizen Sie den Ofen auf 4000F vor und bereiten Sie eine Muffinform mit Tassen vor.

2. Die geriebenen Süßkartoffeln, Zwiebeln, den Knoblauch und die Gewürze in eine Schüssel geben und gut mischen, bevor ein Löffel in jede Tasse gegeben wird. Geben Sie in jede Tasse ein großes Ei und kochen Sie 15 Minuten lang weiter, bis die Eier fest sind.

3. Gekühlt servieren oder aufbewahren.

Nährwert-Information: Kalorien: 143, Fett: 9,1 g, Kohlenhydrate: 6 g, Protein: 9 g, Zucker: 0 g, Natrium: 290 mg

Portionen Omelette mit Spinat und Pilzen: 2

Zutaten:

2 EL. Olivenöl

2 ganze Eier

3 Bett. Spinat, frisch

Kochspray

10 kleine Bella-Pilze, in Scheiben geschnitten

8 EL. Geschnittene rote Zwiebel

4 Eiweiß

2 Unzen. Ziegenkäse

Richtungen:

1. Stellen Sie eine Pfanne auf mittlere Hitze und fügen Sie die Oliven hinzu.

2. Geschnittene rote Zwiebeln in die Pfanne geben und umrühren, bis sie durchscheinend sind.

Als nächstes fügen Sie Ihre Pilze in die Pfanne und rühren Sie weiter, bis sie leicht gebräunt sind.

3. Spinat hinzugeben und umrühren, bis er zusammengefallen ist. Mit etwas Pfeffer und Salz würzen. Vom Feuer entfernen.

4. Sprühen Sie einen kleinen Topf mit Kochspray ein und stellen Sie ihn auf mittlere Hitze.

5. Schlagen Sie 2 ganze Eier in eine kleine Schüssel. 4 Eiweiß hinzufügen und verquirlen.

6. Gießen Sie die geschlagenen Eier in die kleine Pfanne und lassen Sie die Mischung eine Minute ruhen.

7. Verwenden Sie einen Pfannenwender, um vorsichtig um die Ränder der Pfanne herum zu arbeiten.

Heben Sie die Pfanne an und kippen Sie sie kreisförmig nach unten und herum, damit die flüssigen Eier die Mitte erreichen und um die Ränder der Pfanne herum kochen können.

8. Zerkrümelten Ziegenkäse zusammen mit der Pilzmischung auf eine Seite der Oberseite des Omeletts geben.

9. Als nächstes die andere Seite des Omeletts vorsichtig mit dem Pfannenwender über die Pilzseite klappen.

10. Kochen Sie dreißig Sekunden lang. Dann das Omelett auf einen Teller geben.

Nährwert-Information:Kalorien: 412, Fett: 29 g, Kohlenhydrate: 18 g, Protein: 25 g, Zucker: 7 g, Natrium: 1000 mg

Salat-Wraps mit Huhn und Gemüse Portionen: 2

Kochzeit: 15 Minuten

Zutaten:

½ Esslöffel ungesalzene Butter

lb gemahlenes Huhn

1/8 Tasse Zucchini, gehackt

¼ grüne Paprika, entkernt und gehackt

1/8 Tasse gelber Kürbis, gehackt

¼ einer mittelgroßen Zwiebel, gehackt

½ Teelöffel gehackter Knoblauch

Frisch gemahlener schwarzer Pfeffer nach Geschmack

¼ TL Currypulver

½ Esslöffel Sojasauce

2 große Salatblätter

½ Tasse geriebener Parmesan

Richtungen:

1. Nehmen Sie eine Pfanne, stellen Sie sie auf mittlere Hitze, fügen Sie die Butter und das Hähnchen hinzu, zerbröckeln Sie es und kochen Sie es etwa 5 Minuten lang, bis das Hähnchen nicht mehr rosa ist.

2. Dann Zucchini, Paprika, Kürbis, Zwiebel und Knoblauch in die Pfanne geben, umrühren, bis alles gut vermischt ist, und 5 Minuten kochen lassen.

3. Dann mit schwarzem Pfeffer und Currypulver würzen, mit Sojasauce beträufeln, gut umrühren und 5 Minuten weiterkochen, bis zum Bedarf beiseite stellen.

4. Die Wraps zusammenstellen und dazu die Hühnchenmischung gleichmäßig auf jedem Salatblatt verteilen, dann mit Käse bestreuen und servieren.

5. Für die Zubereitung von Mahlzeiten die Hühnermischung in einen luftdichten Behälter geben und bis zu zwei Tage im Kühlschrank aufbewahren.

6. Wenn Sie fertig zum Essen sind, erhitzen Sie die Hähnchenmischung in der Mikrowelle, bis sie heiß ist, garnieren Sie sie dann mit Salatblättern und servieren Sie sie.

Nährwert-Information:Kalorien 71, Gesamtfett 6,7 g, Kohlenhydrate insgesamt 4,2 g, Protein 4,8 g, Zucker 30,5 g, Natrium 142 mg

Cremige Zimt-Bananenschüssel Portionen: 1

Kochzeit: 3 Minuten

Zutaten:

1 große Banane, reif

¼ Teelöffel Zimt, gemahlen

Eine Prise keltisches Meersalz

2 Esslöffel Kokosnussbutter, geschmolzen

Toppings nach Wahl: Früchte, Samen oder Nüsse<u>Richtungen:</u>

1. Zerdrücke die Banane in einer Rührschüssel. Zimt und keltisches Meersalz hinzufügen. Zur Seite legen.

2. Erhitzen Sie die Kokosnussbutter in einem Topf bei schwacher Hitze. Gießen Sie die heiße Butter über die Bananenmischung.

3. Zum Servieren mit Ihren Lieblingsfrüchten, Kernen oder Nüssen garnieren.

<u>Nährwert-Information:</u>Kalorien 564 Fett: 18,8 g Protein: 28,2 g Natrium: 230 mg Kohlenhydrate insgesamt: 58,2 g Ballaststoffe: 15,9 g

Gutes Müsli mit Preiselbeeren und Zimt

Portionen: 2

Kochzeit: 35 Minuten

Zutaten:

1 Tasse Müsli (wahlweise Amaranth, Buchweizen oder Quinoa) 2 ½ Tassen Kokoswasser oder Mandelmilch

1 Zimtstange

2 ganze Nelken

1 Sternanisschote (optional)

Frisches Obst: Äpfel, Brombeeren, Preiselbeeren, Birnen oder Kakis

Ahornsirup (optional)

Richtungen:

1. Körner, Kokoswasser und Gewürze in einem Topf zum Kochen bringen. Abdecken, dann die Hitze auf mittel-niedrig reduzieren. Innerhalb von 25 Minuten köcheln lassen.

2. Zum Servieren Gewürze wegwerfen und mit Fruchtscheiben garnieren. Nach Belieben mit Ahornsirup beträufeln.

Nährwert-Information:Kalorien 628 Fett: 20,9 g Protein: 31,4 g Natrium: 96 mg Gesamtkohlenhydrate: 112,3 g Ballaststoffe: 33,8 g

Portionen Frühstückomelett: 2

Kochzeit: 10 Minuten

Zutaten:

2 geschlagene Eier

1 Stängel Frühlingszwiebel, gehackt

½ Tasse Champignons, in Scheiben geschnitten

1 rote Paprika, gewürfelt

1 Teelöffel Kräuterwürze

Richtungen:

1. Schlagen Sie die Eier in einer Schüssel. Die restlichen Zutaten einarbeiten.

2. Gießen Sie die Eimischung in eine kleine Auflaufform. Geben Sie die Pfanne in den Luftfritteusenkorb.

3. Im Luftfritteusenkorb bei 350 Grad F für 10 Minuten backen.

Nährwert-Information:Kalorien 210 Kohlenhydrate: 5 g Fett: 14 g Protein: 15 g

Vollkorn-Sandwichbrot Portionen: 12

Kochzeit: 3 Stunden, 20 Minuten

Zutaten:

Weißes Vollkornmehl – 3,5 Tassen

Natives Olivenöl extra – 0,25 Tasse

Dattelpaste – 0,25 Tasse

Milch nach Wahl, heiß – 1.125 Tassen

Meersalz – 1,25 TL

Aktive Trockenhefe – 2,5 Teelöffel

Richtungen:

1. Bereiten Sie eine 22,9 x 12,7 cm große Kastenform vor, indem Sie sie mit Pergamentpapier auslegen und leicht einfetten.

2. Kombinieren Sie in einer großen Küchenschüssel alle Ihre Zutaten mit einem Pfannenwender. Lassen Sie den Inhalt nach dem Kombinieren 30 Minuten lang ruhen.

3. Kneten Sie Ihren Teig, bis er weich, dehnbar und geschmeidig ist.

etwa sieben Minuten. Sie können von Hand kneten, aber die Verwendung einer Küchenmaschine und eines Knethakens ist die einfachste Methode.

4. Mit dem gekneteten Teig in der zuvor verwendeten Rührschüssel die Rührschüssel mit Küchenplastik oder einem sauberen, feuchten Küchentuch abdecken und an einem warmen Ort gehen lassen, bis er sich verdoppelt hat, etwa eine oder zwei Stunden.

5. Lassen Sie die Luft aus Ihrem Teig und formen Sie ihn zu einem schönen Klotz, bevor Sie ihn in Ihre vorbereitete Kastenform legen. Decken Sie die Pfanne mit dem zuvor verwendeten Plastik oder Handtuch ab und lassen Sie sie im warmen Raum aufgehen, bis sie sich verdoppelt hat, weitere ein oder zwei Stunden.

6. Wenn das Brot fast aufgegangen ist, erhitzen Sie Ihren Ofen auf 350 Grad Fahrenheit.

7. Entfernen Sie die Beschichtung von Ihrem Sauerteigbrot und legen Sie das Brot in die Mitte Ihres heißen Ofens. Legen Sie vorsichtig Alufolie auf das Brot, ohne es zu entleeren, damit es nicht zu schnell braun wird. Lassen Sie das Brot auf diese Weise fünfunddreißig bis vierzig Minuten backen, bevor Sie die Folie entfernen und das Brot weitere zwanzig Minuten backen. Das Brot ist fertig, wenn es eine schöne goldene Farbe hat und beim Klopfen hohl klingt.

8. Lassen Sie das Vollkornbrot fünf Minuten in der Pfanne abkühlen, bevor Sie es aus dem Metall nehmen und zum Abkühlen auf ein Gitter legen. Lassen Sie das Brot vor dem Anschneiden vollständig abkühlen.

Pulled Chicken Gyros

Zutaten:

2 mittelgroße Zwiebeln, in Scheiben geschnitten

6 Knoblauchzehen, gehackt

1 Teelöffel Zitronen-Pfeffer-Aroma

1 Teelöffel getrockneter Oregano

1/2 Teelöffel gemahlener Piment

1/2 Tasse Wasser

1/2 Tasse Zitronensaft

1/4 Tasse Rotweinessig

2 Esslöffel Olivenöl

2 Pfund knochenlose, hautlose Hähnchenbrust

8 ganze Fladenbrote

Optionale Beilagen: Tzatziki-Sauce, zerrissene Romaine und geschnittene Tomaten, Gurken und Zwiebeln

Richtungen:

1. In einem 3-qt. Slow Cooker, konsolidieren Sie die anfänglichen 9 Befestigungen; gehören Hühnchen. Kochen, sichern, auf niedriger Stufe für 3-4 Stunden oder bis das Huhn weich ist (ein Thermometer sollte mindestens 165° anzeigen).

2. Hähnchen aus dem mittelstarken Slow Cooker nehmen. Mit 2 Gabeln raspeln; Zurück zum Slow Cooker. Legen Sie die Hühnermischung mit einer Zange auf die Fladenbrote. Präsentieren Sie mit Beilagen.

Süßkartoffelsuppe Portionen: 6

Kochzeit: 15 Minuten

Zutaten:

2 Esslöffel Olivenöl

1 mittelgroße Zwiebel, gehackt

1 Dose grüne Chilis

1 Teelöffel gemahlener Kreuzkümmel

1 Teelöffel gemahlener Ingwer

1 Teelöffel Meersalz

4 Tassen Süßkartoffeln, geschält und gehackt 4 Tassen natriumarme Bio-Gemüsebrühe 2 Esslöffel frischer Koriander, gehackt

6 Esslöffel griechischer Joghurt

Richtungen:

1. Das Olivenöl in einem großen Topf bei mittlerer Hitze erhitzen. Die Zwiebel hinzugeben und anschwitzen, bis sie weich ist. Fügen Sie grüne Chilischoten und Gewürze hinzu und kochen Sie für 2 Minuten.

2. Süßkartoffeln und Gemüsebrühe einrühren und zum Kochen bringen.

3. Innerhalb von 15 Minuten köcheln lassen.

4. Gehackten Koriander unterrühren.

5. Die Hälfte der Suppe pürieren, bis sie glatt ist. Zurück in den Topf mit der restlichen Suppe geben.

6. Nach Belieben mit zusätzlichem Meersalz würzen und mit einem Klecks griechischem Joghurt toppen.

Nährwert-Information:Kohlenhydrate insgesamt 33 g Ballaststoffe: 5 g Protein: 6 g Fett insgesamt: 5 g Kalorien: 192

Quinoa-Burrito-Bowls:

1 Formel Koriander Limette Quinoa

Für die schwarzen Bohnen:

1 Dose schwarze Bohnen

1 Teelöffel gemahlener Kreuzkümmel

1 Teelöffel getrockneter Oregano

Salz, nach Geschmack

Für die Kirschtomate Pico de Gallo:

1 16 Unzen Kirsch- oder Rosinentomaten, geviertelt 1/2 Tasse rote Zwiebel, gewürfelt

1 EL gehackter Jalapeño-Pfeffer, (Rippen und Samen entfernt, jederzeit)

1/2 Tasse knackiger Koriander, geteilt

2 Esslöffel Limettensaft

Salz, nach Geschmack

Für Bindungen:

Getrocknete Jalapenos schneiden

1 Avocado, gewürfelt

Richtungen:

1. Den Koriander-Limetten-Quinoa zubereiten und warm halten.

2. In einem kleinen Topf die schwarzen Bohnen und ihren Saft mit dem Kreuzkümmel und dem Oregano bei mittlerer Hitze mischen. Regelmäßig umrühren, bis die Bohnen heiß sind. Abschmecken und nach Belieben salzen.

3. Die Zutaten für die Kirschtomate Pico de Gallo in einer Schüssel vermengen und gut entsorgen.

4. Für die Burrito-Schalen den Koriander-Limetten-Quinoa auf vier Schalen verteilen. Fügen Sie jeweils ein Viertel der schwarzen Bohnen hinzu. Mit Pico de Gallo Kirschtomaten, gehackten eingelegten Jalapenos und Avocado belegen.

Genießen!

5. Hinweis:

6. Alle Bestandteile dieser Gerichte können frühzeitig zubereitet und verzehrfertig abgeholt werden. Sie können Quinoa und Bohnen entweder aufwärmen oder bei Zimmertemperatur genießen. Ich provoziere die Segmente gerne über die Woche, damit ich unter der Woche Quinoa-Burrito-Bowls zum Mittagessen genießen kann.

Mandel Broccolini Portionen: 6

Kochzeit: 5 Minuten

Zutaten:

1 frische rote Chilischote, entkernt und fein gehackt 2 Broccolini-Röschen, getrimmt

1 Esslöffel natives Olivenöl extra

2 Knoblauchzehen, in dünne Scheiben geschnitten

1/4 Tasse natürliche Mandeln, grob gehackt

2 Teelöffel fein abgeriebene Zitronenschale

4 Sardellen in Öl, gehackt

Ein Spritzer frischer Zitronensaft

Richtungen:

1. Etwas Öl in einer Pfanne erhitzen. Fügen Sie 2 Teelöffel Zitronenschale, abgetropfte Sardellen, fein gehackte Chili und dünn geschnittene Handschuhe hinzu.

Unter ständigem Rühren etwa 30 Sekunden kochen.

2. Fügen Sie 1/4 Tasse grob gehackte Mandeln hinzu und kochen Sie eine Minute lang.

Schalten Sie die Hitze aus und fügen Sie Zitronensaft hinzu.

3. Stellen Sie den Dampfkorb über einen Topf mit siedendem Wasser. Den Broccolini in ein Körbchen geben und abdecken.

4. Garen, bis sie zart-knusprig sind, etwa 3-4 Minuten. Dann abtropfen lassen und auf die Servierplatte geben.

5. Mit der Mandelmischung garnieren und genießen!

Nährwert-Information: 414 Kalorien 6,6 g Fett 1,6 g Gesamtkohlenhydrate 5,4 g Protein

Quinoa-Gericht:

1/2 Tasse Quinoa, trocken

2 EL Avocado- oder Kokosöl

2 Knoblauchzehen, zerdrückt

1/2 Tasse Mais, in Dosen oder verfestigt

3 große Paprika, gehackt

1/2 mittelgroße Jalapeño-Pfeffer, entkernt und gehackt 1 Esslöffel Kreuzkümmel

15-Unzen-Behälter schwarze Bohnen, gespült und passiert 1 Tasse Koriander, fein gehackt und geteilt 1/2 Tasse Frühlingszwiebeln, fein gehackt und geteilt 2 Tassen Tex-Mex-Cheddar-Käse, zerstört und getrennt 3/4 Tasse Milch Kokosnuss aus der Dose

1/4 TL Salz

Richtungen:

1. Quinoa nach Packungsanleitung kochen und an einem sicheren Ort aufbewahren. Grill auf 350 Grad F vorheizen.

2. Heizen Sie eine riesige Antihaft-Tonpfanne bei mittlerer Hitze vor und schwenken Sie das Öl, um es zu beschichten. Fügen Sie den Knoblauch hinzu

und kochen Sie ihn 30 Sekunden lang, normalerweise unter Rühren. Dazu gehören Mais, Paprika, Jalapenos und Kreuzkümmel. Mischen und ungestört 3 Minuten sautieren, erneut mischen und weitere 3 Minuten sautieren.

3. In einer großen Rührschüssel mit gekochtem Quinoa, schwarzen Bohnen, 3/4 Tasse Koriander, 1/4 Tasse Frühlingszwiebeln, 1/2 Tasse Cheddar-Käse, Kokosmilch und Salz vermengen. Gut mischen, in eine 8 x 11- Vorbereitungsschale geben, mit der restlichen 1/2 Tasse Cheddar bestreuen und 30 Minuten lang erhitzen.

4. Vom Grill nehmen, mit 1/4 Tasse Koriander und 1/4 Tasse Frühlingszwiebeln bestreuen. Warm servieren

Clean Eating Eiersalat Portionen: 2

Kochzeit: 0 Minuten

Zutaten:

6 Bio-Weideeier, hart gekocht

1 Avocado

¼ Tasse griechischer Joghurt

2 Esslöffel Olivenöl-Mayonnaise

1 Teelöffel frischer Dill

Meersalz nach Geschmack

Salat zum Servieren

Richtungen:

1. Zerdrücke hartgekochte Eier und Avocado zusammen.

2. Fügen Sie griechischen Joghurt, Olivenölmayonnaise und frischen Dill hinzu.

3. Mit Meersalz würzen. Auf einem Salatbett servieren.

Nährwert-Information: Kohlenhydrate insgesamt 18 g Ballaststoffe: 10 g Protein: 23 g Fett insgesamt: 38 g Kalorien: 486

Chili-Portionen mit weißen Bohnen: 4

Kochzeit: 20 Minuten

Zutaten:

¼ Tasse natives Olivenöl extra

2 kleine Zwiebeln, in ¼-Zoll-Würfel geschnitten

2 Selleriestangen, in dünne Scheiben geschnitten

2 kleine Karotten, geschält und in dünne Scheiben geschnitten

2 Knoblauchzehen, gehackt

2 Teelöffel gemahlener Kreuzkümmel

1½ Teelöffel getrockneter Oregano

1 Teelöffel Salz

¼ Teelöffel frisch gemahlener schwarzer Pfeffer

3 Tassen Gemüsebrühe

1 Dose (15½ Unzen) weiße Bohnen, abgetropft und gespült ¼ fein gehackte frische glatte Petersilie

2 Teelöffel geriebene oder gehackte Zitronenschale

Richtungen:

1. Erhitzen Sie das Öl bei starker Hitze in einem Schmortopf.

2. Zwiebeln, Sellerie, Karotten und Knoblauch hinzugeben und 5-8 Minuten sautieren, bis sie weich sind.

3. Fügen Sie Kreuzkümmel, Oregano, Salz und Pfeffer hinzu und braten Sie die Gewürze etwa 1 Minute lang an, um sie zu rösten.

4. Die Brühe aufsetzen und kochen.

5. Zum Köcheln bringen, die Bohnen hinzufügen und 5 Minuten kochen, teilweise zugedeckt und gelegentlich umrühren, um die Aromen zu entwickeln.

6. Petersilie und Zitronenschale mischen und servieren.

Nährwert-Information:Kalorien 300 Gesamtfett: 15 g Gesamtkohlenhydrate: 32 g Zucker: 4 g Ballaststoffe: 12 g Protein: 12 g Natrium: 1183 mg

Portionen Thunfisch mit Zitrone: 4

Kochzeit: 18 Minuten

Zutaten:

4 Thunfischsteaks

1 Esslöffel Olivenöl

½ Teelöffel geräucherter Paprika

¼ Teelöffel schwarze Pfefferkörner, zerstoßen

Saft von 1 Zitrone

4 Frühlingszwiebeln, gehackt

1 EL Schnittlauch, gehackt

Richtungen:

1. Eine Bratpfanne mit dem Öl bei mittlerer Hitze erhitzen, die Frühlingszwiebeln dazugeben und 2 Minuten anbraten.

2. Fügen Sie die Thunfischsteaks hinzu und braten Sie sie 2 Minuten lang auf jeder Seite an.

3. Fügen Sie die restlichen Zutaten hinzu, mischen Sie vorsichtig, stellen Sie die Pfanne in den Ofen und backen Sie sie 12 Minuten lang bei 360 Grad F.

4. Alles auf Teller verteilen und zum Mittagessen servieren.

Nährwert-Information:Kalorien 324, Fett 1, Ballaststoffe 2, Kohlenhydrate 17, Protein 22

Tilapia mit Spargel und Eichelkürbis Portionen: 4

Kochzeit: 30 Minuten

Zutaten:

2 Esslöffel natives Olivenöl extra

1 mittelgroßer Eichelkürbis, entkernt und in dünne Scheiben geschnitten oder 1-Pfund-Spargelschnitze, von holzigen Enden befreit und in 2-Zoll-Stücke geschnitten

1 große Schalotte, gehackt

Ein Pfund Tilapia Filets

½ Tasse Weißwein

1 Esslöffel gehackte frische glatte Petersilie 1 Teelöffel Salz

¼ Teelöffel frisch gemahlener schwarzer Pfeffer

Richtungen:

1. Heizen Sie den Ofen auf 400 ° F vor. Das Backblech mit dem Öl einfetten.

2. Kürbis, Spargel und Schalotte in einer Schicht auf dem Backblech verteilen. Braten Sie innerhalb von 8 bis 10 Minuten.

3. Setzen Sie den Tilapia ein und fügen Sie den Wein hinzu.

4. Mit Petersilie, Salz und Pfeffer bestreuen.

5. Braten Sie innerhalb von 15 Minuten. Herausnehmen, dann 5 Minuten stehen lassen und servieren.

Nährwert-Information: Kalorien 246 Gesamtfett: 8 g Gesamtkohlenhydrate: 17 g Zucker: 2 g Ballaststoffe: 4 g Protein: 25 g Natrium: 639 mg

Gebackenes Hähnchen mit Oliven, Tomaten und Basilikum garnieren

Portionen: 4

Kochzeit: 45 Minuten

Zutaten:

8 Hähnchenschenkel

Kleine Eiertomaten

1 Esslöffel schwarzer Pfeffer und Salz

1 Esslöffel Olivenöl

15 Basilikumblätter (groß)

Kleine schwarze Oliven

1-2 frische Paprikaflocken

Richtungen:

1. Hähnchenteile mit allen Gewürzen und Olivenöl marinieren und einige Zeit ziehen lassen.

2. Hähnchenteile in einer umrandeten Pfanne mit Tomaten, Basilikumblättern, Oliven und Chiliflocken anrichten.

3. Backen Sie dieses Huhn in einem bereits vorgeheizten Ofen (bei 220 ° C) für 40

Protokoll.

4. Garen, bis das Huhn zart ist, Tomaten, Basilikum und Oliven gar sind.

5. Mit frischer Petersilie und Zitronenschale garnieren.

Nährwert-Information:Kalorien 304 Kohlenhydrate: 18 g Fett: 7 g Protein: 41 g

Ratatouille-Portionen: 8

Kochzeit: 25 Minuten

Zutaten:

1 Zucchini, mittelgroß und gewürfelt

3 EL. Natives Olivenöl extra

2 Paprika, gewürfelt

1 gelber Kürbis, mittelgroß und gewürfelt

1 Zwiebel, groß & gewürfelt

28 Unzen Ganze Tomaten, geschält

1 Aubergine, mittelgroß und gewürfelt mit Haut Salz & Pfeffer nach Bedarf

4 Zweige frischer Thymian

5 Knoblauchzehen, gehackt

Richtungen:

1. Erhitze zunächst eine große Bratpfanne bei mittlerer Hitze.

2. Sobald es heiß ist, fügen Sie das Öl, die Zwiebel und den Knoblauch hinzu.

3. Saute Zwiebelmischung für 3-5 Minuten oder bis weich.

4. Als nächstes Auberginen, Pfeffer, Thymian und Salz in die Pfanne geben. Gut mischen.

5. Kochen Sie nun weitere 5 Minuten oder bis die Auberginen weich sind.

6. Als nächstes Zucchini, Paprika und Kürbis in die Pfanne geben und weitere 5 Minuten garen. Dann die Tomaten hinzugeben und gut vermischen.

7. Sobald alles hinzugefügt ist, gut umrühren, bis alles zusammenkommt. 15 Minuten köcheln lassen.

8. Überprüfen Sie abschließend die Gewürze und fügen Sie bei Bedarf mehr Salz und Pfeffer hinzu.

9. Mit Petersilie und gemahlenem schwarzem Pfeffer garnieren.

Nährwert-Information:Kalorien: 103 kcal Protein: 2 g Kohlenhydrate: 12 g Fett: 5 g

Hühnerfleischbällchensuppe Portionen: 4

Kochzeit: 30 Minuten

Zutaten:

2 Pfund Hähnchenbrust, ohne Haut, entbeint und zerkleinert 2 Esslöffel Koriander, gehackt

2 Eier, geschlagen

1 Knoblauchzehe, gehackt

¼ Tasse Frühlingszwiebeln, gehackt

1 gelbe Zwiebel, gehackt

1 Karotte, in Scheiben geschnitten

1 Esslöffel Olivenöl

5 Tassen Hühnerbrühe

1 EL Petersilie, gehackt

Eine Prise Salz und schwarzer Pfeffer

Richtungen:

1. In einer Schüssel das Fleisch mit den Eiern und den anderen Zutaten außer Öl, gelben Zwiebeln, Brühe und Petersilie mischen, mischen und mit dieser Mischung mittelgroße Fleischbällchen formen.

2. Eine Pfanne mit dem Öl bei mittlerer Hitze erhitzen, die gelbe Zwiebel und die Fleischbällchen dazugeben und 5 Minuten anbraten.

3. Die restlichen Zutaten hinzufügen, umrühren, zum Kochen bringen und weitere 25 Minuten bei mittlerer Hitze kochen.

4. Die Suppe in Schalen füllen und servieren.

<u>Nährwert-Information:</u>Kalorien 200, Fett 2, Ballaststoffe 2, Kohlenhydrate 14, Protein 12

Orangen-Krautsalat mit Zitrus-Vinaigrette

Portionen: 8

Kochzeit: 0 Minuten

Zutaten:

1 Teelöffel Orangenschale, gerieben

2 EL natriumreduzierte Gemüsebrühe je 1 TL Apfelessig

4 Tassen Rotkohl, geraspelt

1 Teelöffel Zitronensaft

1 Fenchelknolle, in dünne Scheiben geschnitten

1 Teelöffel Balsamico-Essig

1 Teelöffel Himbeeressig

2 Esslöffel frischer Orangensaft

2 Orangen, geschält, in Stücke geschnitten

1 Esslöffel Honig

1/4 TL Salz

Frisch gemahlener Pfeffer

4 Teelöffel Olivenöl

Richtungen:

1. Zitronensaft, Orangenschale, Apfelessig, Salz und Pfeffer, Brühe, Öl, Honig, Orangensaft, Balsamico-Essig und Himbeere in eine Schüssel geben und verquirlen.

2. Orangen, Fenchel und Kohl extrahieren. Zum Überziehen mischen.

Nährwert-Information:Kalorien 70 Kohlenhydrate: 14 g Fett: 0 g Protein: 1 g

Portionen Tempeh und Wurzelgemüse: 4

Kochzeit: 30 Minuten

Zutaten:

1 Esslöffel natives Olivenöl extra

1 große Süßkartoffel, gewürfelt

2 Karotten, in dünne Scheiben geschnitten

1 Fenchelknolle, getrimmt und in zentimetergroße Würfel geschnitten 2 Teelöffel gehackter frischer Ingwer

1 Knoblauchzehe, gehackt

12 Unzen Tempeh, in ½-Zoll-Würfel geschnitten

½ Tasse Gemüsebrühe

1 Esslöffel Tamari oder glutenfreie Sojasauce 2 Frühlingszwiebeln, in dünne Scheiben geschnitten

Richtungen:

1. Heizen Sie den Ofen auf 400 ° F vor. Ein Backblech mit dem Öl einfetten.

2. Ordnen Sie Süßkartoffel, Karotten, Fenchel, Ingwer und Knoblauch in einer Schicht auf dem Backblech an.

3. Backen, bis das Gemüse weich geworden ist, etwa 15 Minuten.

4. Fügen Sie Tempeh, Brühe und Tamari hinzu.

5. Nochmals backen, bis Tempeh durchgewärmt und leicht gebräunt ist, 10 bis 15 Minuten.

6. Frühlingszwiebeln hinzufügen, gut mischen und servieren.

Nährwert-Information:Kalorien 276 Gesamtfett: 13 g Gesamtkohlenhydrate: 26 g Zucker: 5 g Ballaststoffe: 4 g Protein: 19 g Natrium: 397 mg

Portionen grüne Suppe: 2

Kochzeit: 5 Minuten

Zutaten:

1 Tasse Wasser

1 Tasse Spinat, frisch und verpackt

½ von 1 Zitrone, geschält

1 Zucchini, klein und gehackt

2 EL. Petersilie, frisch und gehackt

1 Stange Sellerie, gehackt

Meersalz und schwarzer Pfeffer nach Bedarf

½ von 1 Avocado, reif

¼ Tasse Basilikum

2 EL. Chia-Samen

1 Knoblauchzehe, gehackt

Richtungen:

1. Um diese Suppe leicht zu pürieren, geben Sie alle Zutaten in einen Hochgeschwindigkeitsmixer und mixen Sie sie 3 Minuten lang oder bis sie glatt ist.

2. Dann können Sie es kalt servieren oder einige Minuten bei schwacher Hitze aufwärmen.

Nährwert-Information:Kalorien: 250 kcal Protein: 6,9 g Kohlenhydrate: 18,4 g Fett: 18,1 g

Zutaten Peperoni-Pizzabrot:

1 Portion (1 Pfund) verfestigte Brotmischung, aufgetaut 2 große Eier, isoliert

1 Esslöffel gemahlener Cheddar-Parmesan

1 Esslöffel Olivenöl

1 Teelöffel gehackte knackige Petersilie

1 Teelöffel getrockneter Oregano

1/2 Teelöffel Knoblauchpulver

1/4 Teelöffel Pfeffer

8 Unzen gehackte Peperoni

2 Tassen zerkleinerter, teilweise entrahmter Cheddar-Mozzarella 1 Dose (4 Unzen) Pilzstiele und -stücke, aufgebraucht 1/4 bis 1/2 Tasse getrocknete Paprikaringe

1 mittelgroße grüne Paprika, gewürfelt

1 Dose (2-1/4 Unzen) fertig geschnittene Oliven

1 Schachtel (15 Unzen) Pizzasauce

Richtungen:

1. Ofen auf 350° vorheizen. Auf einem gefetteten Backblech den Teig in eine 15 x 10-Zoll-Pfanne ausformen. quadratische Form. In einer kleinen Schüssel Eigelb, Cheddar-Parmesan, Öl, Petersilie, Oregano, Knoblauchpulver und Pfeffer vermischen. Bürsten Sie die Mischung.

2. Mit Peperoni, Cheddar-Mozzarella, Champignons, Paprikaringen, grünem Pfeffer und Oliven bestreuen. Bewegen Sie sich nach oben, Jam-Move-Stil, beginnend mit einer langen Seite; Drücken Sie auf die Falte, um sie zu versiegeln, und falten Sie die Enden darunter.

3. Positionieren Sie das Teil mit der Falte nach unten; mit Eiweiß bestreichen.

Versuchen Sie, es nicht steigen zu lassen. Backen, bis die glänzende dunkle Farbe und die Mischung durchgegart sind, 35-40 Minuten. Pizzasauce aufwärmen; vorhanden mit Schnittteil.

4. Auswahlmöglichkeiten einfrieren: Frieren Sie eine Portion gekühlte, ungeschnittene Pizza ohne Kompromisse in Folie ein. Zum Gebrauch 30 Minuten vor dem erneuten Erhitzen aus dem Kühlschrank nehmen. Seitlich auspressen und Portion auf einer gefetteten Grillplatte in einem vorgeheizten 325°-Grill erhitzen, bis sie durchgeheizt ist. Abgestimmt ausfüllen.

Fleischbällchen-Taco-Schalen:

Fleischklößchen:

1 Pfund mageres Hackfleisch (unter jedem Hackfleisch wie Schweinefleisch, Pute oder Huhn)

1 Ei

1/4 Tasse fein gehackter Grünkohl oder knackige Kräuter wie Petersilie oder Koriander (optional)

1 Teelöffel Salz

1/2 Teelöffel schwarzer Pfeffer

Taco-Schalen

2 Tassen Enchilada-Sauce (wir verwenden benutzerdefinierte Produkte) 16 Fleischbällchen (zuvor gespeicherte Zutaten)

2 Tassen gekochter Reis, weiß oder dunkel

1 Avocado, geschnitten

1 Tasse lokal erworbene Salsa oder Pico de Gallo 1 Tasse geriebener Käse

1 Jalapeno, fein gehackt (optional)

1 Esslöffel Koriander, halbiert

1 Limette, in Spalten geschnitten

Tortillachips zum Servieren

Richtungen:

1. Erstellen/Einfrieren

2. Hackfleisch, Eier, Grünkohl (falls verwendet), Salz und Pfeffer in eine große Schüssel geben. Mischen Sie mit Ihren Händen, bis es gleichmäßig verfestigt ist

16 Fleischbällchen im Abstand von etwa 2,5 cm formen und auf ein mit Folie gesichertes Backblech legen.

3. Bei mehrtägiger Verwendung im Innenbereich bis zu 2 Tage im Kühlschrank lagern.

4. Im Falle des Einfrierens den Blechbehälter in eine Kühlbox stellen, bis die Frikadellen fest sind. Gehen Sie in eine Kühltasche. Fleischbällchen halten sich gekühlt 3 bis 4 Monate.

5. Kochen

6. Bringen Sie in einem mittelgroßen Topf die Enchilada-Sauce zu einem niedrigen Eintopf. Fügen Sie die Fleischbällchen hinzu (kein zwingender Grund, zuerst aufzutauen, wenn die Fleischbällchen es waren

verfestigt). Backen Sie die Fleischbällchen, bis sie durchgegart sind, 12 Minuten lang, wenn sie knusprig sind, und 20 Minuten, wenn sie fest geworden sind.

7. Während die Frikadellen köcheln, verschiedene Beilagen zubereiten.

8. Bereiten Sie Taco-Schalen vor, indem Sie Reis mit Fleischbällchen und Sauce füllen, Avocado, Salsa, Cheddar-Käse, Jalapeño-Stücke und Koriander schneiden. Mit Limettenspalten und Tortillachips servieren.

Avocado-Pesto-Zoodles mit Lachs Portionen: 4

Kochzeit: 25 Minuten

Zutaten:

1 Esslöffel Pesto

1 Zitrone

2 gefrorene/frische Lachssteaks

1 große Zucchini, spiralisiert

1 Esslöffel schwarzer Pfeffer

1 Avocado

1/4 Tasse Parmesankäse, gerieben

Italienisches Gewürz

Richtungen:

1. Ofen auf 375 F erhitzen. Lachs mit italienischem Gewürz, Salz und Pfeffer würzen und 20 Minuten backen.

2. Die Avocados zusammen mit einem Esslöffel Pfeffer, Zitronensaft und einem Esslöffel Pesto in die Schüssel geben. Avocados pürieren und beiseite stellen.

3. Die Zucchini-Nudeln auf eine Servierplatte geben, gefolgt von der Avocado-Lachs-Mischung.

4. Mit Käse bestreuen. Bei Bedarf mehr Pesto zugeben. Genießen!

<u>Nährwert-Information:</u>128 Kalorien 9,9 g Fett 9 g Gesamtkohlenhydrate 4 g Protein

Kurkuma-, Apfel- und Zwiebel-Süßkartoffeln mit Huhn

Portionen: 4

Kochzeit: 45 Minuten

Zutaten:

2 Esslöffel ungesalzene Butter, bei Raumtemperatur 2 mittelgroße Süßkartoffeln

1 großer Granny-Smith-Apfel

1 mittelgroße Zwiebel, in dünne Scheiben geschnitten

4 Hähnchenbrust mit Knochen und Haut

1 Teelöffel Salz

1 Teelöffel Kurkuma

1 Teelöffel getrockneter Salbei

¼ Teelöffel frisch gemahlener schwarzer Pfeffer

1 Tasse Apfelwein, Weißwein oder HühnerbrüheRichtungen:

1. Heizen Sie den Ofen auf 400 ° F vor. Das Backblech mit der Butter einfetten.

2. Ordnen Sie die Süßkartoffeln, den Apfel und die Zwiebel in einer Schicht auf dem Backblech an.

3. Legen Sie das Hähnchen mit der Hautseite nach oben und würzen Sie es mit Salz, Kurkuma, Salbei und Pfeffer. Fügen Sie den Apfelwein hinzu.

4. Braten Sie innerhalb von 35-40 Minuten. Herausnehmen, 5 Minuten stehen lassen und servieren.

Nährwert-Information:Kalorien 386 Gesamtfett: 12 g Gesamtkohlenhydrate: 26 g Zucker: 10 g Ballaststoffe: 4 g Protein: 44 g Natrium: 932 mg

Gebratenes Kräuterlachssteak Portionen: 4

Kochzeit: 5 Minuten

Zutaten:

1 Pfund Lachssteak, gespült 1/8 TL. Cayennepfeffer 1 Tl. Chilipulver

½ Teelöffel Kreuzkümmel

2 Knoblauchzehen, gehackt

1 Esslöffel Olivenöl

TL Salz

1 Teelöffel frisch gemahlener schwarzer Pfeffer

Richtungen:

1. Backofen auf 350 Grad F vorheizen.

2. Mischen Sie in einer Schüssel Cayennepfeffer, Chilipulver, Kreuzkümmel, Salz und schwarzen Pfeffer. Zur Seite legen.

3. Das Lachsfilet mit Olivenöl beträufeln. Reiben Sie auf beiden Seiten. Den Knoblauch und die vorbereitete Gewürzmischung einreiben. 10 Minuten stehen lassen.

4. Bereiten Sie nach dem Verschmelzen der Aromen eine ofenfeste Pfanne vor.

Olivenöl erhitzen. Sobald der Lachs heiß ist, würzen Sie ihn 4 Minuten lang auf beiden Seiten.

5. Schieben Sie die Pfanne in das Innere des Ofens. 10 Minuten backen. Aufschlag.

Nährwert-Information:Kalorien 210 Kohlenhydrate: 0 g Fett: 14 g Protein: 19 g

Portionen italienischer Tofu und Sommergemüse: 4

Kochzeit: 20 Minuten

Zutaten:

2 große Zucchini, in ¼-Zoll-Scheiben schneiden

2 große Sommerkürbisse, in 2,5 cm dicke Scheiben geschnitten 1 Pfund fester Tofu, in 2,5 cm große Würfel geschnitten

1 Tasse Gemüsebrühe oder Wasser

3 Esslöffel natives Olivenöl extra

2 Knoblauchzehen, in Scheiben geschnitten

1 Teelöffel Salz

1 Teelöffel italienische Kräuterwürze

¼ Teelöffel frisch gemahlener schwarzer Pfeffer

1 Esslöffel gehackter frischer Basilikum

Richtungen:

1. Heizen Sie den Ofen auf 400 ° F vor.

2. Zucchini, Kürbis, Tofu, Brühe, Öl, Knoblauch, Salz, italienische Kräuter-Gewürzmischung und Pfeffer auf einem großen Backblech mit Rand mischen und gut vermischen.

3. Braten Sie innerhalb von 20 Minuten.

4. Mit Basilikum bestreuen und servieren.

Nährwert-Information: Kalorien 213 Gesamtfett: 16 g Gesamtkohlenhydrate: 9 g Zucker: 4 g Ballaststoffe: 3 g Protein: 13 g Natrium: 806 mg

Zutaten für Erdbeer-Ziegenkäse-Salat

1 Pfund knusprige Erdbeeren, gewürfelt

Nach Belieben: 1 bis 2 Teelöffel Nektar oder Ahornsirup zum Abschmecken

2 Unzen zerfallener Ziegenkäse-Cheddar (etwa ½ Tasse) ¼ Tasse gehacktes knuspriges Basilikum plus ein paar kleine Basilikumblätter zum Verzieren

1 Esslöffel natives Olivenöl extra

1 Esslöffel dicker Balsamico-Essig*

½ Teelöffel flockiges Maldon-Meersalz oder ein Jahr unzureichend

Teelöffel feines Meersalz

Knusprig gemahlener schwarzer Pfeffer

Richtungen:

1. Die gewürfelten Erdbeeren auf einer mittelgroßen Servierplatte oder flachen Servierschüssel verteilen. Falls die Erdbeeren nicht genau so süß genug sind, wie Sie möchten, werfen Sie sie mit einem Spritzer Nektar oder Ahornsirup.

2. Streuen Sie den zerfallenen Ziegen-Cheddar über die Erdbeeren, gefolgt vom gehackten Basilikum. Mit Olivenöl und Balsamico-Essig beträufeln.

3. Polieren Sie den Teller mit gemischtem Gemüse mit dem Salz, einigen Stücken knusprig gemahlenem schwarzem Pfeffer und den konservierten Basilikumblättern. Servieren Sie für eine großartige Einführung schnell die Mesclun-Platte.

Reste halten sich jedoch gut im Kühlschrank ca. 3 Tage.

Portionen Blumenkohl-Kurkuma-Kabeljau-Eintopf: 4

Kochzeit: 30 Minuten

Zutaten:

½ Pfund Blumenkohlröschen

1 Pfund Kabeljaufilets, ohne Knochen, ohne Haut und gewürfelt 1 Esslöffel Olivenöl

1 gelbe Zwiebel, gehackt

½ Teelöffel Kreuzkümmel

1 grüne Chili, gehackt

Teelöffel Kurkumapulver

2 gehackte Tomaten

Eine Prise Salz und schwarzer Pfeffer

½ Tasse Hühnerbrühe

1 Esslöffel Koriander, gehackt

Richtungen:

1. Eine Pfanne mit dem Öl bei mittlerer Hitze erhitzen, Zwiebel, Chili, Kreuzkümmel und Kurkuma hinzufügen, umrühren und 5 Minuten kochen lassen.

2. Blumenkohl, Fisch und andere Zutaten zugeben, mischen, zum Kochen bringen und bei mittlerer Hitze weitere 25 Minuten garen.

3. Den Eintopf auf Schalen verteilen und servieren.

Nährwert-Information:Kalorien 281, Fett 6, Ballaststoffe 4, Kohlenhydrate 8, Protein 12

Portionen Walnuss- und Spargel-Köstlichkeiten: **4**

Kochzeit: 5 Minuten

Zutaten:

1 ½ Esslöffel Olivenöl

¾ Pfund Spargel, getrimmt

¼ Tasse Walnüsse, gehackt

Sonnenblumenkerne und Pfeffer nach Geschmack

Richtungen:

1. Stellen Sie eine Bratpfanne auf mittlere Hitze, fügen Sie Olivenöl hinzu und lassen Sie es erhitzen.

2. Spargel zugeben, 5 Minuten goldbraun braten.

3. Mit Sonnenblumenkernen und Pfeffer würzen.

4. Entfernen Sie die Hitze.

5. Nüsse hinzufügen und mischen.

Nährwert-Information:Kalorien: 124 Lipide: 12 g Kohlenhydrate: 2 g Proteine: 3 g

Zucchini Alfredo Pasta Zutaten:

2 mittelgroße Zucchini, spiralisiert

1-2 EL veganer Parmesan (optional)

Schnelle Alfredo-Sauce

1/2 Tasse rohe Cashewnüsse, einige Stunden eingeweicht oder 10 Minuten in kochendem Wasser

2 EL Zitronensaft

3 TB Nährhefe

2 TL weißes Miso (kann Tamari Sub, Sojasauce oder Kokosaminos sein)

1 Teelöffel Zwiebelpulver

1/2 Teelöffel Knoblauchpulver

1/4-1/2 Tasse Wasser

Richtungen:

1. Die Zucchini-Nudeln spiralförmig formen.

2. Geben Sie alle Alfredo-Befestigungen in einen Schnellmixer (beginnend mit 1/4 Tasse Wasser) und mixen Sie alles glatt. Falls Ihre Sauce zu dick ist, fügen Sie esslöffelweise mehr Wasser hinzu, bis Sie die gewünschte Konsistenz erreicht haben.

3. Top die Zucchini-Nudeln mit Alfredo-Sauce und, falls gewünscht, einem Gemüsewagen.

Quinoa Truthahnhähnchen Zutaten:

1 Tasse Quinoa, gespült

3-1/2 Tassen Wasser, isoliert

1/2 Pfund mageres Putenhackfleisch

1 riesige süße Zwiebel, gehackt

1 mittelsüße rote Paprika, gehackt

4 Knoblauchzehen, gehackt

1 Esslöffel Bohneneintopfpulver

1 Esslöffel gemahlener Kreuzkümmel

1/2 Teelöffel gemahlener Zimt

2 Gläser (jeweils 15 Unzen) schwarze Bohnen, gespült und abgetropft 1 Dose (28 Unzen) zerkleinerte Tomaten

1 mittelgroße Zucchini, in Streifen geschnitten

1 Chipotle-Pfeffer in Adobo-Sauce, in Streifen geschnitten

1 Esslöffel Adobo-Sauce

1 geschrumpftes Blatt

1 Teelöffel getrockneter Oregano

1/2 Teelöffel Salz

1/4 Teelöffel Pfeffer

1 Tasse verfestigter Mais, aufgetaut

1/4 Tasse gehackter, knackiger Koriander

Optionale Toppings: gewürfelte Avocado, Destroyed Monterey Jack Cheddar

Richtungen:

1. Quinoa und 2 Tassen Wasser in einem großen Topf erhitzen, bis sie kocht. Verringern Sie die Hitze; verlängern und 12 bis 15 Minuten köcheln lassen oder bis Wasser zurückgehalten wird. Wärme ausstoßen; mit einer Gabel ausdünnen und an einem sicheren Ort aufbewahren.

2. Als nächstes in einer großen Bratpfanne mit Kochdusche Truthahn, Zwiebel, rote Paprika und Knoblauch bei mittlerer Hitze kochen, bis das Fleisch nicht mehr rosa und das Gemüse weich ist; Kanal. Bohneneintopfpulver, Kreuzkümmel und Zimt unterrühren; 2 Minuten weiter kochen.

Auf Wunsch mit beliebigen Toppings servieren.

3. Fügen Sie schwarze Bohnen, Tomaten, Zucchini, Chipotle-Pfeffer, Adobo-Sauce, gesunde Blätter, Oregano, Salz, Pfeffer und restliches Wasser hinzu.

Bis zum Kochen erhitzen. Verringern Sie die Hitze; verteilen und 30 köcheln lassen

Protokoll. Mais und Quinoa einrühren; Hitze durch. Beseitigen Sie das schmale Blatt; Koriander unterrühren. Präsentieren Sie nach Wunsch mit frei wählbaren Bindungen.

4. Alternative zum Einfrieren: Gekühlten Eintopf in kühleren Fächern einfrieren.

Zum Gebrauch mittelfristig im Kühlschrank unvollständig auftauen. Im Topf erhitzen, dabei gelegentlich umrühren; Fügen Sie Säfte oder Wasser hinzu, wenn es wichtig ist.

Portionen Knoblauch-Kürbis-Nudeln: 4

Kochzeit: 15 Minuten

Zutaten:

Soße zubereiten

Tasse Kokosmilch

6 große Datteln

2/3g Kokosraspeln

6 Knoblauchzehen

2 Esslöffel Ingwerpaste

2 Esslöffel rote Currypaste

Nudeln zubereiten

1 große Kürbisnudeln

½ Karotte, in Julienne geschnitten

½ Zucchini, in Julienne geschnitten

1 kleine rote Paprika

¼ Tasse Cashewnüsse

Richtungen:

1. Für die Sauce alle Zutaten mischen und zu einem dickflüssigen Püree verarbeiten.

2. Spaghettikürbis längs aufschneiden und Nudeln machen.

3. Das Backblech leicht mit Olivenöl bepinseln und die Kürbisnudeln bei 40°C 5-6 Minuten garen.

4. Zum Servieren Nudeln und Brei in einer Schüssel mischen. Oder den Brei mit den Nudeln servieren.

Nährwert-Information:Kalorien 405 Kohlenhydrate: 107 g Fett: 28 g Protein: 7 g

Gedämpfte Forelle mit Kidneybohnen und Chilisalsa Portionsgröße: 1

Kochzeit: 16 Minuten

Zutaten:

4 ½ Unzen Kirschtomaten, halbiert

1/4 Avocado, ungeschält

6 Unzen Meerforellenfilet ohne Haut

Korianderblätter zum Servieren

2 Teelöffel Olivenöl

Limettenspalten zum Servieren

4 ½ oz Kidneybohnen aus der Dose, abgespült und abgetropft 1/2 rote Zwiebel, in dünne Scheiben geschnitten

1 Esslöffel eingelegte Jalapenopfeffer, abgetropft

1/2 Teelöffel gemahlener Kreuzkümmel

4 sizilianische Oliven/grüne Oliven

Richtungen:

1. Stellen Sie einen Dampfkorb über einen Topf mit siedendem Wasser. Den Fisch in den Korb geben und zugedeckt 10-12 Minuten garen.

2. Den Fisch herausnehmen und einige Minuten ruhen lassen. In der Zwischenzeit etwas Öl in einer Pfanne erhitzen.

3. Eingelegte Jalapenos, Kidneybohnen, Oliven, 1/2 Teelöffel Kreuzkümmel und Kirschtomaten hinzufügen. Unter ständigem Rühren etwa 4 bis 5 Minuten köcheln lassen.

4. Gießen Sie die Bohnenpaste auf eine Servierplatte, gefolgt von der Forelle.

Koriander und Zwiebel darüber geben.

5. Mit Limettenspalten und Avocado servieren. Genießen Sie gedämpfte Meerforelle mit roter Bohnen-Chili-Salsa!

Nährwert-Information:243 Kalorien 33,2 g Fett 18,8 g Gesamtkohlenhydrate 44 g Protein

Süßkartoffel-Truthahnsuppe Portionen: 4

Kochzeit: 45 Minuten

Zutaten:

2 Esslöffel Olivenöl

1 gelbe Zwiebel, gehackt

1 grüne Paprika, gehackt

2 Süßkartoffeln, geschält und in Würfel geschnitten

1 Pfund Putenbrust, ohne Haut, entbeint und gewürfelt 1 Teelöffel Koriander, gemahlen

Eine Prise Salz und schwarzer Pfeffer

1 Teelöffel süßer Paprika

6 Tassen Hühnerbrühe

Saft von 1 Limette

Eine Handvoll gehackte Petersilie

Richtungen:

1. Eine Pfanne mit dem Öl bei mittlerer Hitze erhitzen, Zwiebel, Paprika und Süßkartoffeln hinzufügen, umrühren und 5 Minuten kochen lassen.

2. Das Fleisch hinzugeben und weitere 5 Minuten anbraten.

3. Die restlichen Zutaten hinzufügen, mischen, zum Kochen bringen und weitere 35 Minuten bei mittlerer Hitze kochen.

4. Die Suppe in Schalen füllen und servieren.

Nährwert-Information:Kalorien 203, Fett 5, Ballaststoffe 4, Kohlenhydrate 7, Protein 8

Portionen gegrillter Lachs mit Miso: 2

Kochzeit: 20 Minuten

Zutaten:

2 EL. Ahornsirup

2 Zitronen

¼ Tasse Miso

vs. Gemahlener Pfeffer

2 Limetten

2 ½ Pfund Lachs, mit Haut

Prise Cayennepfeffer

2 EL. Natives Olivenöl extra

¼ Tasse Miso

Richtungen:

1. Mischen Sie zuerst den Limettensaft und den Zitronensaft in einer kleinen Schüssel, bis alles gut vermischt ist.

2. Als nächstes Miso, Cayennepfeffer, Ahornsirup, Olivenöl und Pfeffer hinzugeben. Gut mischen.

3. Als nächstes den Lachs mit der Hautseite nach unten auf ein mit Backpapier ausgelegtes Backblech legen.

4. Den Lachs großzügig mit der Zitronen-Miso-Mischung bestreichen.

5. Legen Sie nun die halbierten Zitronen- und Limettenstücke mit der Schnittfläche nach oben auf die Seiten.

6. Zum Schluss garen Sie sie 8 bis 12 Minuten lang oder bis der Fisch abblättert.

<u>Nährwert-Information:</u>Kalorien: 230 kcal Protein: 28,3 g Kohlenhydrate: 6,7 g Fett: 8,7 g

Portionen Blätterteigfilet einfach angebraten: 6

Kochzeit: 8 Minuten

Zutaten:

6 Tilapiafilets

2 Esslöffel Olivenöl

1 Stück Zitrone, Saft

Salz und Pfeffer nach Geschmack

Tasse Petersilie oder Koriander, gehackt

Richtungen:

1. Braten Sie die Tilapiafilets mit Olivenöl in einer mittelgroßen Pfanne bei mittlerer Hitze an. 4 Minuten auf jeder Seite braten, bis der Fisch leicht mit einer Gabel abblättert.

2. Mit Salz und Pfeffer abschmecken. Gießen Sie Zitronensaft über jedes Filet.

3. Zum Servieren gekochte Filets mit gehackter Petersilie oder Koriander bestreuen.

Nährwert-Information: Kalorien: 249 Cal Fat: 8,3 g Protein: 18,6 g

Kohlenhydrate: 25,9

Faser: 1g

Weißfischsuppe mit Gemüse

Portionen: 6 bis 8

Kochzeit: 32 bis 35 Minuten

Zutaten:

3 Süßkartoffeln, geschält und in ½-Zoll-Stücke geschnitten 4 Karotten, geschält und in ½-Zoll-Stücke geschnitten 3 Tassen Kokosvollmilch

2 Tassen Wasser

1 Teelöffel getrockneter Thymian

½ TL Meersalz

298 g (10 ½ Unzen) fester weißer Fisch ohne Haut, wie Kabeljau oder Heilbutt, in Stücke geschnitten

Richtungen:

1. Süßkartoffeln, Karotten, Kokosmilch, Wasser, Thymian und Meersalz bei starker Hitze in einen großen Topf geben und zum Kochen bringen.

2. Hitze reduzieren, abdecken und 20 Minuten köcheln lassen, bis das Gemüse weich ist, dabei gelegentlich umrühren.

3. Gießen Sie die Hälfte der Suppe in einen Mixer und pürieren Sie sie, bis sie gut vermischt und glatt ist, und kehren Sie dann in den Topf zurück.

4. Fügen Sie die Fischstücke hinzu und kochen Sie weitere 12

15 Minuten oder bis der Fisch gar ist.

5. Vom Herd nehmen und in Schalen servieren.

Nährwert-Information:Kalorien: 450; Fett: 28,7 g; Eiweiß: 14,2 g; Kohlenhydrate: 38,8 g; Faser: 8,1 g; Zucker: 6,7 g; Natrium: 250 mg

Portionen Zitronenmuscheln: 4

Zutaten:

1 EL. extra vergine extra natives Olivenöl 2 Knoblauchzehen, gehackt

2 Pfund. gewaschene Muscheln

Saft einer Zitrone

Richtungen:

1. Wasser in einen Topf geben, die Muscheln hinzufügen, bei mittlerer Hitze zum Kochen bringen, 5 Minuten kochen, die ungeöffneten Muscheln wegwerfen und in eine Schüssel geben.

2. In einer anderen Schüssel das Öl mit dem Knoblauch und dem frisch gepressten Zitronensaft mischen, gut verquirlen und zu den Muscheln geben, mischen und servieren.

3. Viel Spaß!

Nährwert-Information:Kalorien: 140, Fett: 4 g, Kohlenhydrate: 8 g, Protein: 8 g, Zucker: 4 g, Natrium: 600 mg,

Portionen Lachs mit Limette und Chili: 2

Kochzeit: 8 Minuten

Zutaten:

1 Pfund Lachs

1 EL Limettensaft

½ Teelöffel Pfeffer

½ Teelöffel Chilipulver

4 Limettenscheiben

Richtungen:

1. Limettensaft über den Lachs träufeln.

2. Beide Seiten mit Pfeffer und Chilipulver bestreuen.

3. Den Lachs in die Heißluftfritteuse geben.

4. Legen Sie die Limettenscheiben auf den Lachs.

5. Luftbraten bei 375 Grad F für 8 Minuten.

Käse-Thunfisch-Nudeln Portionen: 3-4

Zutaten:

2 Bett. Rakete

vs. gehackte Frühlingszwiebeln

1 EL. roter Essig

5 Unzen Thunfisch in Dosen, abgetropft

vs. schwarzer Pfeffer

2 Unzen. gekochte Vollkornnudeln

1 EL. Olivenöl

1 EL. geriebener heller Parmesankäse

Richtungen:

1. Nudeln in ungesalzenem Wasser kochen, bis sie fertig sind. Abgießen und aufbewahren.

2. Mischen Sie in einer großen Schüssel Thunfisch, Frühlingszwiebeln, Essig, Öl, Rucola, Nudeln und schwarzen Pfeffer, bis alles gut vermischt ist.

3. Gut mischen und mit Käse bestreuen.

4. Servieren und genießen.

Nährwert-Information:Kalorien: 566,3, Fett: 42,4 g, Kohlenhydrate: 18,6 g, Protein: 29,8 g, Zucker: 0,4 g, Natrium: 688,6 mg

Portionen Fischstreifen mit Kokosnusskruste: 4

Kochzeit: 12 Minuten

Zutaten:

Marinade

1 Esslöffel Sojasauce

1 Teelöffel gemahlener Ingwer

½ Tasse Kokosmilch

2 Esslöffel Ahornsirup

½ Tasse Ananassaft

2 Teelöffel scharfe Soße

Fisch

1 Pfund Fischfilet, in Streifen geschnitten

Pfeffer nach Geschmack

1 Tasse Semmelbrösel

1 Tasse Kokosflocken (ungesüßt)

Kochspray

Richtungen:

1. Kombinieren Sie die Zutaten für die Marinade in einer Schüssel.

2. Fügen Sie die Fischstreifen hinzu.

3. Abdecken und 2 Stunden kühl stellen.

4. Heizen Sie Ihre Heißluftfritteuse auf 375 Grad F vor.

5. Mischen Sie in einer Schüssel Pfeffer, Semmelbrösel und Kokosflocken.

6. Tauchen Sie die Fischstreifen in die Paniermehlmischung.

7. Besprühen Sie Ihren Heißluftfritteusenkorb mit Öl.

8. Die Fischstreifen in den Luftfritteusenkorb geben.

9. 6 Minuten auf jeder Seite an der Luft braten.

Portionen mexikanischer Fisch: 2

Kochzeit: 10 Minuten

Zutaten:

4 Fischfilets

2 Teelöffel mexikanischer Oregano

4 Teelöffel Kreuzkümmel

4 Teelöffel Chilipulver

Pfeffer nach Geschmack

Caisson-Aerosol

Richtungen:

1. Heizen Sie Ihre Heißluftfritteuse auf 400 Grad F vor.

2. Besprühen Sie den Fisch mit Öl.

3. Den Fisch von beiden Seiten mit Gewürzen und Pfeffer würzen.

4. Legen Sie den Fisch in den Luftfritteusenkorb.

5. 5 Minuten kochen.

6. Umdrehen und weitere 5 Minuten garen.

Forelle mit Gurkensalsa Portionen: 4

Kochzeit: 10 Minuten

Zutaten:

Salsa:

1 englische Gurke, gewürfelt

¼ Tasse ungesüßter Kokosjoghurt

2 Esslöffel gehackte frische Minze

1 Frühlingszwiebel, weiße und grüne Teile, gehackt

1 Teelöffel roher Honig

Meersalz

Fisch:

4 Forellenfilets (5 Unzen), trocken getupft

1 Esslöffel Olivenöl

Meersalz und frisch gemahlener schwarzer Pfeffer nach GeschmackRichtungen:

1. Salsa zubereiten: Joghurt, Gurke, Minze, Frühlingszwiebeln, Honig und Meersalz in einer kleinen Schüssel vermengen, bis alles vollständig vermischt ist. Zur Seite legen.

2. Forellenfilets auf einer sauberen Arbeitsfläche leicht mit Meersalz und Pfeffer einreiben.

3. Das Olivenöl in einer großen Pfanne bei mittlerer Hitze erhitzen. Die Forellenfilets in die heiße Pfanne geben und etwa 10 Minuten braten, dabei den Fisch nach der Hälfte der Garzeit wenden oder bis der Fisch nach Ihren Wünschen gegart ist.

4. Die Salsa über den Fisch verteilen und servieren.

Nährwert-Information:Kalorien: 328; Fett: 16,2 g; Eiweiß: 38,9 g; Kohlenhydrate: 6,1 g

; Ballaststoffe: 1,0 g; Zucker: 3,2 g; Natrium: 477 mg

Zitronen-Zoodles mit Garnelen Portionen: 4

Kochzeit: 0 Minuten

Zutaten:

Soße:

½ Tasse verpackte frische Basilikumblätter

Saft von 1 Zitrone (oder 3 EL)

1 Teelöffel gehackter Knoblauch in der Flasche

Prise Meersalz

Prise frisch gemahlener schwarzer Pfeffer

¼ Tasse Kokosvollmilch aus der Dose

1 großer gelber Kürbis, in Julienne oder Spiralform 1 große Zucchini, in Julienne oder Spiralform

1 Pfund (454 g) Garnelen, entdarmt, gekocht, geschält und gekühlt Schale von 1 Zitrone (optional)

Richtungen:

1. Soße zubereiten: Basilikumblätter, Zitronensaft, Knoblauch, Meersalz und Pfeffer in einer Küchenmaschine fein hacken.

2. Gießen Sie langsam die Kokosmilch ein, während sich der Roboter dreht. Pulsieren, bis es glatt ist.

3. Die Sauce zusammen mit dem gelben Kürbis und der Zucchini in eine große Schüssel geben. Gut mischen.

4. Garnelen und Zitronenschale (falls gewünscht) über die Nudeln streuen. Sofort servieren.

Nährwert-Information:Kalorien: 246; Fett: 13,1 g; Eiweiß: 28,2 g; Kohlenhydrate: 4,9 g

; Ballaststoffe: 2,0 g; Zucker: 2,8 g; Natrium: 139 mg

Portionen knusprige Garnelen: 4

Kochzeit: 3 Minuten

Zutaten:

1 Pfund Garnelen, geschält und entdarmt

½ Tasse Fischpaniermischung

Kochspray

Richtungen:

1. Heizen Sie Ihre Heißluftfritteuse auf 390 Grad F vor.

2. Garnelen mit Öl besprühen.

3. Mit Paniermehl bestreichen.

4. Frittierkorb mit Öl besprühen.

5. Die Garnelen in den Luftfritteusenkorb geben.

6. 3 Minuten kochen.

Portionen gegrillter Wolfsbarsch: 2

Zutaten:

2 gehackte Knoblauchzehen

Pfeffer.

1 EL. Zitronensaft

2 Weißbarschfilets

vs. Kräuter Gewürzmischung

Richtungen:

1. Eine Fettpfanne mit etwas Olivenöl besprühen und die Filets darauf legen.

2. Zitronensaft, Knoblauch und Gewürze über die Filets träufeln.

3. Etwa 10 Minuten grillen oder bis der Fisch goldbraun ist.

4. Auf Wunsch auf einem Bett aus sautiertem Spinat servieren.

Nährwert-Information:Kalorien: 169, Fett: 9,3 g, Kohlenhydrate: 0,34 g, Protein: 15,3

g, Zucker: 0,2 g, Natrium: 323 mg

Portionen Lachspastetchen: 4

Kochzeit: 10 Minuten

Zutaten:

Kochspray

1 Pfund Lachsfilet, zerkrümelt

¼ Tasse Mandelmehl

2 Teelöffel Old Bay Gewürz

1 Frühlingszwiebel, gehackt

Richtungen:

1. Heizen Sie Ihre Heißluftfritteuse auf 390 Grad F vor.

2. Besprühen Sie Ihren Heißluftfritteusenkorb mit Öl.

3. In einer Schüssel die restlichen Zutaten vermengen.

4. Aus der Masse Patties formen.

5. Besprühen Sie beide Seiten der Patties mit Öl.

6. 8 Minuten an der Luft braten.

Portionen scharfer Kabeljau: 4

Zutaten:

2 EL. Gehackte frische Petersilie

2 Pfund. Kabeljaufilets

2 Bett. natriumarme Salsa

1 EL. geschmackloses Öl

Richtungen:

1. Ofen auf 350°F vorheizen.

2. In einer großen Auflaufform den Boden mit Öl beträufeln.

Die Kabeljaufilets in der Form anrichten. Gießen Sie die Salsa über den Fisch. 20 Minuten mit Alufolie abdecken. Entfernen Sie die Folie für die letzten 10 Minuten des Garens.

3. 20-30 Minuten backen, bis der Fisch schuppig ist.

4. Mit weißem oder braunem Reis servieren. Mit Petersilie garnieren.

Nährwert-Information:Kalorien: 110, Fett: 11 g, Kohlenhydrate: 83 g, Protein: 16,5 g, Zucker: 0 g, Natrium: 122 mg

Portionen geräucherter Forellenaufstrich: 2

Zutaten:

2 Teelöffel. Frischer Zitronensaft

½ TL. fettarmer Hüttenkäse

1 Stange Sellerie, gewürfelt

¼ Pfund geräuchertes Forellenfilet ohne Haut,

½ TL. Worcestersauce

1 C. Chilli-Soße

vs. grob gehackte rote Zwiebel

Richtungen:

1. Kombinieren Sie Forelle, Hüttenkäse, rote Zwiebel, Zitronensaft, scharfe Paprikasoße und Worcestershire-Soße in einem Mixer oder einer Küchenmaschine.

2. Mixen, bis es glatt ist, und bei Bedarf anhalten, um die Seiten der Schüssel herunterzukratzen.

3. Den gewürfelten Sellerie unterrühren.

4. In einem luftdichten Behälter im Kühlschrank aufbewahren.

Nährwert-Information: Kalorien: 57, Fett: 4 g, Kohlenhydrate: 1 g, Protein: 4 g, Zucker: 0 g, Natrium: 660 mg

Portionen Thunfisch und Schalotten: 4

Zutaten:

½ TL. Hühnerbrühe mit niedrigem Natriumgehalt

1 EL. Olivenöl

4 Thunfischfilets ohne Knochen und ohne Haut

2 Schalotten, gehackt

1 C. süße Paprika

2 EL. Limettensaft

vs. schwarzer Pfeffer

Richtungen:

1. Eine Bratpfanne mit dem Öl bei mittlerer Hitze erhitzen, die Schalotten dazugeben und 3 Minuten anbraten.

2. Den Fisch hinzugeben und auf jeder Seite 4 Minuten braten.

3. Die restlichen Zutaten hinzufügen, weitere 3 Minuten garen, auf Teller verteilen und servieren.

Nährwert-Information:Kalorien: 4040, Fett: 34,6 g, Kohlenhydrate: 3 g, Protein: 21,4 g, Zucker: 0,5 g, Natrium: 1000 mg

Portionen Zitronen-Pfeffer-Garnelen: 2

Kochzeit: 10 Minuten

Zutaten:

1 Esslöffel Zitronensaft

1 Esslöffel Olivenöl

1 Teelöffel Zitronenpfeffer

¼ Teelöffel Knoblauchpulver

Teelöffel Paprika

12 Unzen Garnelen, geschält und entdarmt

Richtungen:

1. Heizen Sie Ihre Heißluftfritteuse auf 400 Grad F vor.

2. Kombinieren Sie Zitronensaft, Olivenöl, Zitronenpfeffer, Knoblauchpulver und Paprika in einer Schüssel.

3. Garnelen einrühren und gleichmäßig mit der Mischung bestreichen.

4. In die Heißluftfritteuse geben.

5. 8 Minuten kochen.

Heißes Thunfischsteak Portionen: 6

Zutaten:

2 EL. Frischer Zitronensaft

Pfeffer.

Knoblauch und geröstete Orangenmayonnaise

vs. ganze schwarze Pfefferkörner

6 geschnittene Thunfischsteaks

2 EL. Natives Olivenöl extra

Salz

Richtungen:

1. Legen Sie den Thunfisch in eine Schüssel, um ihn aufzunehmen. Öl, Zitronensaft, Salz und Pfeffer hinzufügen. Drehen Sie den Thunfisch, um ihn gut mit der Marinade zu überziehen. 15 bis 20 stehen lassen

Minuten, einmal umdrehen.

2. Legen Sie die Pfefferkörner in eine doppelte Schicht Plastiktüten. Klopfen Sie mit einem Topf mit schwerem Boden oder einem kleinen Hammer auf die Pfefferkörner, um sie grob zu zerdrücken. Auf einen großen Teller legen.

3. Wenn Sie bereit sind, den Thunfisch zu kochen, tauchen Sie die Ränder in die zerstoßenen Pfefferkörner. Eine beschichtete Pfanne bei mittlerer Hitze erhitzen. Die Thunfischsteaks, wenn nötig portionsweise, für mittelharten Fisch 4 Minuten auf jeder Seite anbraten, ggf. 2 bis 3 Esslöffel der Marinade in die Pfanne geben, um ein Anhaften zu verhindern.

4. Mit Orangen- und gerösteter Knoblauchmayonnaise servieren<u>Nährwert-Information:</u>Kalorien: 124, Fett: 0,4 g, Kohlenhydrate: 0,6 g, Protein: 28 g, Zucker: 0 g, Natrium: 77 mg

Portionen Cajun-Lachs: 2

Kochzeit: 10 Minuten

Zutaten:

2 Lachsfilets

Kochspray

1 Esslöffel Cajun-Gewürz

1 Esslöffel Honig

Richtungen:

1. Heizen Sie Ihre Heißluftfritteuse auf 390 Grad F vor.

2. Besprühen Sie beide Seiten des Fisches mit Öl.

3. Mit Cajun-Gewürz bestreuen.

4. Frittierkorb mit Öl besprühen.

5. Den Lachs in den Luftfritteusenkorb geben.

6. 10 Minuten an der Luft braten.

Lachsschale mit Quinoa und Gemüse

Portionen: 4

Kochzeit: 0 Minuten

Zutaten:

1 Pfund (454 g) gekochter Lachs, zerkrümelt

4 Tassen gekochte Quinoa

6 Radieschen, in dünne Scheiben geschnitten

1 Zucchini, in Halbmonde geschnitten

3 Tassen Rucola

3 Frühlingszwiebeln, gehackt

½ Tasse Mandelöl

1 Teelöffel scharfe Sauce ohne Zucker

1 Esslöffel Apfelessig

1 Teelöffel Meersalz

½ Tasse geröstete Mandelsplitter zum Garnieren (optional)Richtungen:

1. In einer großen Schüssel den zerbröselten Lachs, die gekochte Quinoa, die Radieschen, die Zucchini, den Rucola und die Frühlingszwiebeln mischen und gut vermischen.

2. Mandelöl, scharfe Sauce, Apfelessig und Meersalz einrühren und mischen.

3. Teilen Sie die Mischung auf vier Schalen auf. Bestreuen Sie jede Schüssel gleichmäßig mit Mandelsplittern zum Garnieren, falls gewünscht. Sofort servieren.

Nährwert-Information:Kalorien: 769; Fett: 51,6 g; Eiweiß: 37,2 g; Kohlenhydrate: 44,8 g; Ballaststoffe: 8,0 g; Zucker: 4,0 g; Natrium: 681 mg

Portionen panierter Fisch: 4

Kochzeit: 15 Minuten

Zutaten:

¼ Tasse Olivenöl

1 Tasse trockene Semmelbrösel

4 weiße Fischfilets

Pfeffer nach Geschmack

Richtungen:

1. Heizen Sie Ihre Heißluftfritteuse auf 350 Grad F vor.

2. Den Fisch von beiden Seiten mit Pfeffer bestreuen.

3. Öl und Semmelbrösel in einer Schüssel vermengen.

4. Tauchen Sie den Fisch in die Mischung.

5. Semmelbrösel festdrücken.

6. Legen Sie den Fisch in die Heißluftfritteuse.

7. 15 Minuten kochen.

Portionen einfache Lachsbratlinge: 4

Kochzeit: 8 bis 10 Minuten

Zutaten:

1 lb (454 g) knochenlose, hautlose Lachsfilets, gehackt ¼ Tasse gehackte süße Zwiebel

½ Tasse Mandelmehl

2 Knoblauchzehen, gehackt

2 Eier, geschlagen

1 Teelöffel Dijon-Senf

1 Esslöffel frisch gepresster Zitronensaft

Rote Paprikaflocken pürieren

½ TL Meersalz

¼ Teelöffel frisch gemahlener schwarzer Pfeffer

1 Esslöffel Avocadoöl

Richtungen:

1. Kombinieren Sie gehackten Lachs, süße Zwiebel, Mandelmehl, Knoblauch, geschlagene Eier, Senf, Zitronensaft, rote Paprikaflocken, Meersalz und Pfeffer in einer großen Schüssel und rühren Sie, bis alles gut vermischt ist.

2. Lassen Sie die Lachsmischung 5 Minuten stehen.

3. Entfernen Sie die Lachsmischung und formen Sie mit Ihren Händen vier ½ Zoll dicke Patties.

4. Avocadoöl in einer großen Pfanne bei mittlerer Hitze erhitzen. Die Patties in die heiße Pfanne geben und auf jeder Seite 4-5 Minuten braten, bis sie leicht gebräunt und durchgegart sind.

5. Vom Herd nehmen und auf einem Teller servieren.

Nährwert-Information:Kalorien: 248; Fett: 13,4 g; Eiweiß: 28,4 g; Kohlenhydrate: 4,1 g

; Ballaststoffe: 2,0 g; Zucker: 2,0 g; Natrium: 443 mg

Portionen Popcorn-Garnelen: 4

Kochzeit: 10 Minuten

Zutaten:

½ Teelöffel Zwiebelpulver

½ Teelöffel Knoblauchpulver

½ Teelöffel Paprika

¼ Teelöffel gemahlener Senf

⅛ Teelöffel getrockneter Salbei

⅛ Teelöffel gemahlener Thymian

⅛ Teelöffel getrockneter Oregano

⅛ Teelöffel getrocknetes Basilikum

Pfeffer nach Geschmack

3 Esslöffel Maisstärke

1 Pfund Garnelen, geschält und entdarmt

Kochspray

Richtungen:

1. Kombinieren Sie alle Zutaten außer Garnelen in einer Schüssel.

2. Garnelen mit der Mischung bestreichen.

3. Sprühen Sie Öl auf den Heißluftfritteusenkorb.

4. Heizen Sie Ihre Heißluftfritteuse auf 390 Grad F vor.

5. Garnelen hineingeben.

6. 4 Minuten an der Luft braten.

7. Schütteln Sie den Korb.

8. Weitere 5 Minuten kochen.

Portionen scharf gebackener Fisch: 5

Zutaten:

1 EL. Olivenöl

1 C. Würze ohne Gewürzsalz

1 Pfund Lachsfilet

Richtungen:

1. Heizen Sie den Ofen auf 350F vor.

2. Fisch mit Olivenöl beträufeln und würzen.

3. Unbedeckt 15 Minuten backen.

4. In Scheiben schneiden und servieren.

Nährwert-Information:Kalorien: 192, Fett: 11 g, Kohlenhydrate: 14,9 g, Protein: 33,1 g, Zucker: 0,3 g, Natrium: 505,6 mg

Portionen Paprika-Thunfisch: 4

Zutaten:

½ TL. Chilipulver

2 Teelöffel. süße Paprika

vs. schwarzer Pfeffer

2 EL. Olivenöl

4 Thunfischsteaks ohne Knochen

Richtungen:

1. Eine Bratpfanne mit dem Öl bei mittlerer Hitze erhitzen, die Thunfischsteaks hineingeben, mit Paprika, schwarzem Pfeffer und Chilipulver würzen, 5 Minuten auf jeder Seite braten, auf Teller verteilen und mit einem Beilagensalat servieren.

Nährwert-Information:Kalorien: 455, Fett: 20,6 g, Kohlenhydrate: 0,8 g, Protein: 63,8

g, Zucker: 7,4 g, Natrium: 411 mg

Portionen Fischfrikadellen: 2

Kochzeit: 7 Minuten

Zutaten:

8 Unzen weißes Fischfilet, zerkrümelt

Knoblauchpulver nach Geschmack

1 Teelöffel Zitronensaft

Richtungen:

1. Heizen Sie Ihre Heißluftfritteuse auf 390 Grad F vor.

2. Kombinieren Sie alle Zutaten.

3. Aus der Masse Patties formen.

4. Legen Sie die Fischfrikadellen in die Heißluftfritteuse.

5. 7 Minuten kochen.

Gebratene Jakobsmuscheln mit Honig

Portionen: 4

Kochzeit: 15 Minuten

Zutaten:

1 Pfund (454 g) große Jakobsmuscheln, gespült und getupft Sea Salt Dash

Dash frisch gemahlener schwarzer Pfeffer

2 Esslöffel Avocadoöl

¼ Tasse roher Honig

3 Esslöffel Kokosaminos

1 Esslöffel Apfelessig

2 Knoblauchzehen, gehackt

Richtungen:

1. Jakobsmuscheln, Meersalz und Pfeffer in eine Schüssel geben und schwenken, bis alles gut bedeckt ist.

2. In einer großen Pfanne das Avocadoöl bei mittlerer bis hoher Hitze erhitzen.

3. Die Jakobsmuscheln 2 bis 3 Minuten auf jeder Seite anbraten oder bis sie milchig weiß oder undurchsichtig und fest werden.

4. Jakobsmuscheln von der Hitze auf einen Teller nehmen und locker mit Folie abdecken, um sie warm zu halten. Zur Seite legen.

5. Honig, Kokosaminosäuren, Essig und Knoblauch in die Pfanne geben und gut umrühren.

6. Zum Kochen bringen und etwa 7 Minuten kochen, bis die Flüssigkeit reduziert ist, dabei gelegentlich umrühren.

7. Die angebratenen Jakobsmuscheln zurück in die Pfanne geben und schwenken, um sie mit der Glasur zu überziehen.

8. Jakobsmuscheln auf vier Teller verteilen und heiß servieren.

Nährwert-Information:Kalorien: 382; Fett: 18,9 g; Eiweiß: 21,2 g; Kohlenhydrate: 26,1 g; Ballaststoffe: 1,0 g; Zucker: 17,7 g; Natrium: 496 mg

Kabeljaufilets mit Shiitake-Pilzen Portionen: 4

Kochzeit: 15 bis 18 Minuten

Zutaten:

1 Knoblauchzehe, gehackt

1 Lauch, in dünne Scheiben geschnitten

1 Teelöffel gehackte frische Ingwerwurzel

1 Esslöffel Olivenöl

½ Tasse trockener Weißwein

½ Tasse geschnittene Shiitake-Pilze

4 Kabeljaufilets (6 Unzen / 170 g)

1 Teelöffel Meersalz

⅛ Teelöffel frisch gemahlener schwarzer Pfeffer

Richtungen:

1. Backofen auf 190 °C vorheizen.

2. Kombinieren Sie Knoblauch, Lauch, Ingwerwurzel, Wein, Olivenöl und Pilze in einer Auflaufform und rühren Sie, bis die Pilze gleichmäßig bedeckt sind.

3. Im vorgeheizten Backofen 10 Minuten backen, bis sie leicht gebräunt sind.

4. Nehmen Sie die Auflaufform aus dem Ofen. Die Kabeljaufilets darauf verteilen und mit Meersalz und Pfeffer würzen.

5. Mit Folie abdecken und wieder in den Ofen stellen. 5 bis 8 backen weitere Minuten oder bis der Fisch schuppig ist.

6. Folie entfernen und vor dem Servieren 5 Minuten abkühlen lassen.

Nährwert-Information:Kalorien: 166; Fett: 6,9 g; Eiweiß: 21,2 g; Kohlenhydrate: 4,8 g; Ballaststoffe: 1,0 g; Zucker: 1,0 g; Natrium: 857 mg

Portionen gegrillter Weißbarsch: 2

Zutaten:

1 C. gehackter Knoblauch

Gemahlener schwarzer Pfeffer

1 EL. Zitronensaft

8 Unzen Weißbarschfilets

vs. salzfreie Kräuter-Gewürzmischung

Richtungen:

1. Heizen Sie den Grill vor und stellen Sie den Rost 10 cm von der Wärmequelle entfernt auf.

2. Eine Auflaufform leicht mit Kochspray einsprühen. Legen Sie die Filets in die Pfanne. Zitronensaft, Knoblauch, Kräutergewürz und Pfeffer über die Filets träufeln.

3. Etwa 8 bis 10 Minuten grillen, bis der Fisch beim Testen mit der Messerspitze vollständig undurchsichtig ist.

4. Sofort servieren.

Nährwert-Information:Kalorien: 114, Fett: 2 g, Kohlenhydrate: 2 g, Protein: 21 g, Zucker: 0,5 g, Natrium: 78 mg

Seehechtportionen mit gebackenen Tomaten: 4-5

Zutaten:

½ TL. Tomatensauce

1 EL. Olivenöl

Petersilie

2 geschnittene Tomaten

½ TL. geriebener Käse

4 Pfund. Seehecht entgrätet und in Scheiben geschnitten

Salz.

Richtungen:

1. Backofen auf 400 ° F vorheizen.

2. Den Fisch mit Salz würzen.

3. In einer Pfanne oder einem Topf; Fisch in Olivenöl anbraten, bis er halb gar ist.

4. Nehmen Sie vier Aluminiumfolien, um den Fisch zu bedecken.

5. Formen Sie das Blatt so, dass es wie Behälter aussieht; Fügen Sie Tomatensauce zu jedem Folienbehälter hinzu.

6. Fisch und Tomatenscheiben dazugeben und mit geriebenem Käse bestreuen.

7. Backen, bis sie goldbraun sind, etwa 20-25

Protokoll.

8. Päckchen öffnen und mit Petersilie garnieren.

<u>Nährwert-Information:</u>Kalorien: 265, Fett: 15 g, Kohlenhydrate: 18 g, Protein: 22 g, Zucker: 0,5 g, Natrium: 94,6 mg

Gebratener Schellfisch mit Rüben Portionen: 4

Kochzeit: 30 Minuten

Zutaten:

8 Rüben, geschält und in Achtel geschnitten

2 Schalotten, in dünne Scheiben geschnitten

2 Esslöffel Apfelessig

2 Esslöffel Olivenöl, geteilt

1 Teelöffel gehackter Knoblauch in der Flasche

1 Teelöffel gehackter frischer Thymian

Prise Meersalz

4 (5 Unzen / 142 g) Schellfischfilets, trocken getupft Richtungen:

1. Backofen auf 205 °C vorheizen.

2. Rote Bete, Schalotten, Essig, 1 EL Olivenöl, Knoblauch, Thymian und Meersalz in einer mittelgroßen Schüssel mischen und gut schwenken.

Die Rote-Bete-Mischung in einer Auflaufform verteilen.

3. Im vorgeheizten Ofen etwa 30 Minuten braten, dabei ein- oder zweimal mit einem Pfannenwender wenden oder bis die Rüben weich sind.

4. In der Zwischenzeit den restlichen 1 Esslöffel Olivenöl in einer großen Pfanne bei mittlerer bis hoher Hitze erhitzen.

5. Schellfisch hinzugeben und auf jeder Seite 4-5 Minuten anbraten, oder bis das Fleisch undurchsichtig ist und leicht abblättert.

6. Den Fisch auf einen Teller geben und mit gerösteten Rüben garniert servieren.

Nährwert-Information:Kalorien: 343; Fett: 8,8 g; Eiweiß: 38,1 g; Kohlenhydrate: 20,9 g

; Ballaststoffe: 4,0 g; Zucker: 11,5 g; Natrium: 540 mg

Portionen ehrlicher Thunfischfondant: 4

Zutaten:

3 Unzen geriebener leichter Cheddar-Käse

1/3 TL. Geriebenen Sellerie

schwarzer Pfeffer und Salz

vs. gehackte Zwiebel

2 englische Vollkorn-Muffins

6 Unzen. entwässerter Weißer Thun

vs. fettarmer Russe

Richtungen:

1. Grill vorheizen. Thunfisch, Sellerie, Zwiebel und Dressing mischen.

2. Mit Salz und Pfeffer würzen.

3. Englische Muffinhälften toasten.

4. Mit der gespaltenen Seite nach oben auf ein Backblech legen und jeweils 1/4 der Thunfischmischung darauf verteilen.

5. 2-3 Minuten grillen oder bis es durchgeheizt ist.

6. Mit Käse bestreuen und zum Grill zurückkehren, bis der Käse geschmolzen ist, etwa 1 Minute länger.

Nährwert-Information:Kalorien: 320, Fett: 16,7 g, Kohlenhydrate: 17,1 g, Protein: 25,7

g, Zucker: 5,85 g, Natrium: 832 mg

Zitronenlachs mit Kaffernlimette Portionen: 8

Zutaten:

1 Stengel Zitronengras, in Spalten geschnitten und zerdrückt

2 Kaffirlimettenblätter, zerrissen

1 in Scheiben geschnittene Zitrone

1 ½ TL. frische Korianderblätter

1 ganzes Lachsfilet

Richtungen:

1. Ofen auf 350°F vorheizen.

2. Decken Sie eine Auflaufform mit Alufolie ab und überlappen Sie die Seiten. 3. Legen Sie den Lachs auf die Alufolie, belegen Sie ihn mit Zitrone, Limettenblättern, Zitronengras und 1 Tasse Korianderblättern. Option: Mit Salz und Pfeffer würzen.

4. Bringen Sie die lange Seite des Bogens in die Mitte, bevor Sie den Verschluss falten.

Rollen Sie die Enden auf, um den Lachs zu schließen.

5. 30 Minuten backen.

6. Übertragen Sie den gekochten Fisch auf eine Schüssel. Mit frischem Koriander garnieren.

Mit weißem oder braunem Reis servieren.

Nährwert-Information:Kalorien: 103, Fett: 11,8 g, Kohlenhydrate: 43,5 g, Protein: 18 g, Zucker: 0,7 g, Natrium: 322 mg

Zarte Lachs-Senf-Sauce Portionen: 2

Zutaten:

5 EL. Gehackter Dill

2/3 ch. Sauerrahm

Pfeffer.

2 EL. Dijon Senf

1 C. Knoblauchpulver

5 Unzen Lachsfilets

2-3 EL. Zitronensaft

Richtungen:

1. Saure Sahne, Senf, Zitronensaft und Dill mischen.

2. Die Filets mit Pfeffer und Knoblauchpulver würzen.

3. Den Lachs mit der Hautseite nach unten auf ein Backblech legen und mit der vorbereiteten Senfsauce bedecken.

4. 20 Minuten bei 390°F backen.

Nährwert-Information:Kalorien: 318, Fett: 12 g, Kohlenhydrate: 8 g, Protein: 40,9 g, Zucker: 909,4 g, Natrium: 1,4 mg

Portionen Krabbensalat: 4

Zutaten:

2 Bett. Krabbenfleisch

1 Stück halbierte Kirschtomaten

1 EL. Olivenöl

Schwarzer Pfeffer

1 Schalotte, gehackt

1/3 TL. gehackter Koriander

1 EL. Zitronensaft

Richtungen:

1. In einer Schüssel die Krabben mit den Tomaten und den anderen Zutaten mischen, mischen und servieren.

Nährwert-Information:Kalorien: 54, Fett: 3,9 g, Kohlenhydrate: 2,6 g, Protein: 2,3 g, Zucker: 2,3 g, Natrium: 462,5 mg

Gebackener Lachs mit Misosauce Portionen: 4

Kochzeit: 15 bis 20 Minuten

Zutaten:

Soße:

¼ Tasse Apfelwein

Tasse weißes Miso

1 Esslöffel Olivenöl

1 Esslöffel weißer Reisessig

Teelöffel gemahlener Ingwer

4 (3 bis 4 Unzen / 85 bis 113 g) Lachsfilets ohne Knochen 1 geschnittene Frühlingszwiebel zum Garnieren

Teelöffel Paprikaflocken zum Garnieren

Richtungen:

1. Backofen auf 190 °C vorheizen.

2. Soße zubereiten: Apfelwein, weißes Miso, Olivenöl, Reisessig und Ingwer in einer kleinen Schüssel verquirlen. Falls eine flüssigere Konsistenz gewünscht wird, etwas Wasser hinzugeben.

3. Lachsfilets mit der Hautseite nach unten in eine Auflaufform legen. Gießen Sie die vorbereitete Sauce über die Filets, um sie gleichmäßig zu beschichten.

4. Im vorgeheizten Ofen 15 bis 20 Minuten backen oder bis der Fisch sich leicht mit einer Gabel lösen lässt.

5. Mit geschnittenen Frühlingszwiebeln und Paprikaflocken garnieren und servieren.

<u>Nährwert-Information:</u>Kalorien: 466; Fett: 18,4 g; Eiweiß: 67,5 g; Kohlenhydrate: 9,1 g

; Ballaststoffe: 1,0 g; Zucker: 2,7 g; Natrium: 819 mg

Gebackener Kabeljau umhüllt mit Kräutern und Honig Portionen: 2

Zutaten:

6 EL. Kräuterfüllung

8 Unzen Kabeljaufilets

2 EL. Mein Schatz

Richtungen:

1. Ofen auf 375°F vorheizen.

2. Eine Auflaufform leicht mit Kochspray einsprühen.

3. Die Kräuterfüllung in einen Beutel geben und verschließen. Die Füllung zerkleinern, bis sie krümelig wird.

4. Den Fisch mit Honig bestreichen und den restlichen Honig wegwerfen.

Geben Sie ein Filet in den Beutel mit der Füllung und schütteln Sie es vorsichtig, um den Fisch vollständig zu bedecken.

5. Den Kabeljau in die Auflaufform geben und den Vorgang für den zweiten Fisch wiederholen.

6. Filets in Folie wickeln und ca. 10 Minuten garen, bis sie fest und undurchsichtig sind, wenn sie mit der Spitze einer Messerklinge getestet werden.

7. Heiß servieren.

<u>Nährwert-Information:</u>Kalorien: 185, Fett: 1 g, Kohlenhydrate: 23 g, Protein: 21 g, Zucker: 2 g, Natrium: 144,3 mg

Parmesan-Kabeljau-Mischung Portionen: 4

Zutaten:

1 EL. Zitronensaft

½ TL. gehackte Frühlingszwiebel

4 Kabeljaufilets ohne Knochen

3 gehackte Knoblauchzehen

1 EL. Olivenöl

½ TL. fettarmer geriebener Parmesankäse

Richtungen:

1. Eine Bratpfanne mit dem Öl bei mittlerer Hitze erhitzen, den Knoblauch und die Frühlingszwiebeln dazugeben, umrühren und 5 Minuten anbraten.

2. Den Fisch hinzugeben und auf jeder Seite 4 Minuten braten.

3. Zitronensaft hinzufügen, Parmesan darüber streuen, weitere 2 Minuten garen, auf Teller verteilen und servieren.

Nährwert-Information:Kalorien: 275, Fett: 22,1 g, Kohlenhydrate: 18,2 g, Protein: 12 g, Zucker: 0,34 g, Natrium: 285,4 mg

Portionen knusprige Knoblauchgarnelen: 4

Kochzeit: 10 Minuten

Zutaten:

1 Pfund Garnelen, geschält und entdarmt

2 Teelöffel Knoblauchpulver

Pfeffer nach Geschmack

¼ Tasse Mehl

Kochspray

Richtungen:

1. Garnelen mit Knoblauchpulver und Pfeffer würzen.

2. Mit Mehl bestäuben.

3. Besprühen Sie Ihren Heißluftfritteusenkorb mit Öl.

4. Die Garnelen in den Heißluftfritteusenkorb geben.

5. Backen Sie bei 400 Grad F für 10 Minuten und schütteln Sie einmal auf halbem Weg durch.

Cremige Wolfsbarschmischung Portionen: 4

Zutaten:

1 EL. gehackte Petersilie

2 EL. Avocadoöl

1 Stück Kokosnuss Creme

1 EL. Limettensaft

1 gehackte gelbe Zwiebel

vs. schwarzer Pfeffer

4 Barschfilets ohne Knochen

Richtungen:

1. Eine Bratpfanne mit dem Öl bei mittlerer Hitze erhitzen, die Zwiebel hinzugeben, mischen und 2 Minuten anbraten.

2. Den Fisch hinzugeben und auf jeder Seite 4 Minuten braten.

3. Die restlichen Zutaten hinzufügen, weitere 4 Minuten garen, auf Teller verteilen und servieren.

Nährwert-Information:Kalorien: 283, Fett: 12,3 g, Kohlenhydrate: 12,5 g, Protein: 8 g, Zucker: 6 g, Natrium: 508,8 mg

Ahi Poke Gurke Portionen: 4

Kochzeit: 0 Minuten

Zutaten:

Ahi Poke:

1 Pfund (454 g) Ahi-Thunfisch in Sushi-Qualität, in 1-Zoll-Würfel geschnitten

3 Esslöffel Kokosnuss-Aminosäuren

3 Frühlingszwiebeln, in dünne Scheiben geschnitten

1 Serrano-Pfeffer, entkernt und gehackt (optional) 1 Teelöffel Olivenöl

1 Teelöffel Reisessig

1 Teelöffel geröstete Sesamsamen

Prise gemahlener Ingwer

1 große Avocado, gewürfelt

1 Gurke, in ½ Zoll dicke Scheiben geschnittenRichtungen:

1. Bereiten Sie den Ahi Poke zu: Mischen Sie die Ahi-Thunfischwürfel mit den Kokosaminos, Frühlingszwiebeln, Serrano-Pfeffer (falls gewünscht), Olivenöl, Essig, Sesamsamen und Ingwer in einer großen Schüssel.

2. Die Schüssel mit Frischhaltefolie abdecken und 15 Minuten im Kühlschrank marinieren

Protokoll.

3. Die gewürfelte Avocado in die Schüssel mit Ahi Poke geben und umrühren.

4. Die Gurkenscheiben auf einer Servierplatte anrichten. Das Poke Ahi über die Gurke gießen und servieren.

Nährwert-Information:Kalorien: 213; Fett: 15,1 g; Eiweiß: 10,1 g; Kohlenhydrate: 10,8 g; Ballaststoffe: 4,0 g; Zucker: 0,6 g; Natrium: 70 mg

Portionen Kabeljau-Minze: 4

Zutaten:

4 Kabeljaufilets ohne Knochen

½ TL. Hühnerbrühe mit niedrigem Natriumgehalt

2 EL. Olivenöl

vs. schwarzer Pfeffer

1 EL. gehackte Minze

1 Teelöffel. Geriebene Zitronenschale

vs. gehackten Schalotten

1 EL. Zitronensaft

Richtungen:

1. Eine Bratpfanne mit dem Öl bei mittlerer Hitze erhitzen, die Schalotten hinzugeben, umrühren und 5 Minuten anbraten.

2. Kabeljau, Zitronensaft und andere Zutaten hinzufügen, zum Kochen bringen und bei mittlerer Hitze 12 Minuten kochen.

3. Alles auf Teller verteilen und servieren.

Nährwert-Information:Kalorien: 160, Fett: 8,1 g, Kohlenhydrate: 2 g, Protein: 20,5 g, Zucker: 8 g, Natrium: 45 mg

Portionen zitroniger und cremiger Tilapia: 4

Zutaten:

2 EL. Gehackter frischer Koriander

vs. Erleichterte Mayonnaise

Frisch gemahlener schwarzer Pfeffer

vs. frischer Zitronensaft

4 Tilapiafilets

½ TL. leicht geriebener Parmesan

½ TL. Knoblauchpulver

Richtungen:

1. Mischen Sie in einer Schüssel alle Zutaten außer den Tilapiafilets und dem Koriander.

2. Filets gleichmäßig mit Mayonnaise-Mischung bestreichen.

3. Legen Sie die Filets auf ein großes Stück Alufolie. Wickeln Sie die Folie um die Filets, um sie zu versiegeln.

4. Legen Sie den Folienbeutel auf den Boden eines großen Schongarers.

5. Stellen Sie den Schongarer auf niedrig.

6. Abdecken und 3-4 Stunden garen.

7. Mit Koriander garnieren.

<u>Nährwert-Information:</u>Kalorien: 133,6, Fett: 2,4 g, Kohlenhydrate: 4,6 g, Protein: 22 g, Zucker: 0,9 g, Natrium: 510,4 mg

Fisch-Taco-Portionen: 4

Kochzeit: 20 Minuten

Zutaten:

Kochspray

1 Esslöffel Olivenöl

4 Tassen Krautsalat

1 Esslöffel Apfelessig

1 EL Limettensaft

Prise Cayennepfeffer

Pfeffer nach Geschmack

2 Esslöffel Taco-Gewürzmischung

¼ Tasse Allzweckmehl

1 Pfund Kabeljaufilet, gewürfelt

4 Maistortillas

Richtungen:

1. Heizen Sie Ihre Heißluftfritteuse auf 400 Grad F vor.

2. Besprühen Sie Ihren Heißluftfritteusenkorb mit Öl.

3. In einer Schüssel Olivenöl, Krautsalat, Essig, Limettensaft, Cayennepfeffer und Pfeffer mischen.

4. Kombinieren Sie in einer anderen Schüssel Taco-Gewürze und Mehl.

5. Fischwürfel mit Taco-Gewürzmischung bestreichen.

6. Geben Sie sie in den Heißluftfritteusenkorb.

7. 10 Minuten lang an der Luft braten, dabei nach der Hälfte schütteln.

8. Maistortillas mit Fisch-Krautsalat-Mischung füllen und aufrollen.

Ingwer-Wolfsbarsch-Mischung Portionen: 4

Zutaten:

4 Barschfilets ohne Knochen

2 EL. Olivenöl

1 C. geriebener Ingwer

1 EL. gehackter Koriander

Schwarzer Pfeffer

1 EL. Balsamico Essig

Richtungen:

1. Eine Bratpfanne mit dem Öl bei mittlerer Hitze erhitzen, den Fisch hineingeben und 5 Minuten auf jeder Seite anbraten.

2. Die restlichen Zutaten hinzufügen, weitere 5 Minuten garen, auf Teller verteilen und servieren.

Nährwert-Information: Kalorien: 267, Fett: 11,2 g, Kohlenhydrate: 1,5 g, Protein: 23 g, Zucker: 0,78 g, Natrium: 321,2 mg

Portionen Kokosgarnelen: 4

Kochzeit: 6 Minuten

Zutaten:

2 Eier

1 Tasse ungesüßte getrocknete Kokosnuss

¼ Tasse Kokosmehl

Teelöffel Paprika

Cayennepfeffer

½ TL Meersalz

Dash frisch gemahlener schwarzer Pfeffer

¼ Tasse Kokosöl

1 Pfund (454 g) rohe Garnelen, geschält, entdarmt und trocken getupft

Richtungen:

1. Eier in einer kleinen, flachen Schüssel schaumig schlagen. Zur Seite legen.

2. Kombinieren Sie in einer separaten Schüssel Kokosnuss, Kokosmehl, Paprika, Cayennepfeffer, Meersalz und schwarzen Pfeffer und rühren Sie, bis alles gut vermischt ist.

3. Garnelen in geschlagenes Ei tauchen, dann Garnelen in Kokosnussmischung wenden. Schütteln Sie überschüssiges ab.

4. Das Kokosöl in einer großen Pfanne bei mittlerer Hitze erhitzen.

5. Garnelen hinzufügen und unter gelegentlichem Rühren 3 bis 6 Minuten kochen, oder bis das Fleisch vollständig rosa und undurchsichtig ist.

6. Die gekochten Garnelen zum Abtropfen auf einen mit Küchenpapier ausgelegten Teller geben. Heiß servieren.

Nährwert-Information:Kalorien: 278; Fett: 1,9 g; Eiweiß: 19,2 g; Kohlenhydrate: 5,8 g; Ballaststoffe: 3,1 g; Zucker: 2,3 g; Natrium: 556 mg

Portionen Schweinefleisch mit Muskatkürbis: 4

Kochzeit: 35 Minuten

Zutaten:

1 Pfund Schweineschmorbraten, gewürfelt

1 Butternusskürbis, geschält und in Würfel geschnitten

1 gelbe Zwiebel, gehackt

2 Esslöffel Olivenöl

2 Knoblauchzehen, gehackt

½ Teelöffel Garam Masala

½ Teelöffel Muskatnuss, gemahlen

1 Teelöffel Chiliflocken, zerstoßen

1 Esslöffel Balsamico-Essig

Eine Prise Meersalz und schwarzer Pfeffer

Richtungen:

1. Eine Bratpfanne mit dem Öl bei mittlerer Hitze erhitzen, Zwiebel und Knoblauch dazugeben und 5 Minuten anbraten.

2. Das Fleisch hinzugeben und weitere 5 Minuten anbraten.

3. Restliche Zutaten dazugeben, mischen, bei mittlerer Hitze 25 Minuten garen, auf Teller verteilen und servieren.

<u>Nährwert-Information:</u>Kalorien 348, Fett 18,2, Ballaststoffe 2,1, Kohlenhydrate 11,4, Protein 34,3

www.ingramcontent.com/pod-product-compliance
Lightning Source LLC
Chambersburg PA
CBHW071233080526
44587CB00013BA/1597